O PAPA NEGRO
GÊNESE DE UM MITO

FRANCK DAMOUR

O PAPA NEGRO
GÊNESE DE UM MITO

Tradução:
Constancia Egrejas

Edições Loyola

Título original:
Le pape noir – Genèse d'un mythe
© Éditions Lessius, 2013
7, Rue Blondeau, 5000 Namur (Belgique)
ISBN 978-2-87299-233-1

Dados Internacionais de Catalogação na Publicação (CIP)
(Câmara Brasileira do Livro, SP, Brasil)

Damour, Franck
 O papa negro : gênese de um mito / Franck Damour ; tradução Constancia Egrejas. -- São Paulo : Edições Loyola, 2023. -- (Coleção nas pegadas do peregrino)

 Título original: Le pape noir : genèse d'un mythe
 Bibliografia.
 ISBN 978-65-5504-320-4

 1. Cristianismo - História 2. História eclesiástica 3. Jesuítas - História 4. Papado - História I. Egrejas, Constancia . II. Título III. Série.

23-182824 CDD-270

Índices para catálogo sistemático:

1. Cristianismo : História da Igreja   270

Eliane de Freitas Leite - Bibliotecária - CRB 8/8415

Preparação: Marta Almeida de Sá
Projeto gráfico: Ronaldo Hideo Inoue
Capa: Ronaldo Hideo Inoue
Diagramação: Sowai Tam
Revisão técnica: Danilo Mondoni, SJ

Edições Loyola Jesuítas
Rua 1822 n° 341 – Ipiranga
04216-000 São Paulo, SP
T 55 11 3385 8500/8501, 2063 4275
editorial@loyola.com.br
vendas@loyola.com.br
www.loyola.com.br

Todos os direitos reservados. Nenhuma parte desta obra pode ser reproduzida ou transmitida por qualquer forma e/ou quaisquer meios (eletrônico ou mecânico, incluindo fotocópia e gravação) ou arquivada em qualquer sistema ou banco de dados sem permissão escrita da Editora.

ISBN 978-65-5504-320-4

© EDIÇÕES LOYOLA, São Paulo, Brasil, 2023

SUMÁRIO

INTRODUÇÃO 7

I. QUANDO OS "COMPANHEIROS" SE TORNAM "JESUÍTAS" (SÉCULO XVI) 13

II. QUANDO O ESTADO MODERNO SEGUE DE PERTO OS JESUÍTAS (SÉCULOS XVII-XVIII) 25

III. A ÉPOCA DAS SOCIEDADES SECRETAS (FINAL DO SÉCULO XVIII – INÍCIO DO SÉCULO XIX) 43

IV. OS JESUÍTAS CONTRA A LIBERDADE DOS POVOS (1840-1880) 59

V. A ÉPOCA DOS METACOMPLÔS: O PAPA NEGRO (1850-1940) 73

VI. O FIM DE UM MITO? (A PARTIR DOS ANOS 1950) 95

CONCLUSÃO 101

ÍNDICE TEMÁTICO 107

ÍNDICE DE PESSOAS 109

BIBLIOGRAFIA 115

INTRODUÇÃO

"Não pensem que os jesuítas começaram no tempo de Inácio; foi um jesuíta que apresentou à Eva a maçã fatal, [que] seu marido comeu apenas por sugestão de um jesuíta; foi um jesuíta que forneceu a Caim a espada com a qual ele matou o pobre Abel, porque este começava a desconfiar dos jesuítas; e não sei, não, se Lúcifer, que ousou lutar contra São Miguel, era um jesuíta travestido."[1] Foi assim que um panfleto anônimo do século XVIII descreveu a ação histórica — e mesmo mitológica — dos jesuítas. Um panfleto entre milhares: desde meados do século XIX era possível contar mais de 1.500, cuja influência continuou muito tempo depois. Em uma crônica de 10 de julho de 2012, em uma rádio francesa de informação contínua, ao fazer o retrato de Ravaillac, assassino de Henrique IV em 1610, um jornalista não hesitou em transformá-lo num discípulo dos

---

1. *Le Jésuite errant, ou Lettre du P. Alphonse, Jésuite portugais, au Général de son Ordre à Rome avec les Réponses de ce dernier, sur la conspiration de Lisbonne et ses effets* [*O jesuíta errante ou Carta do P. Alphonse, Jesuíta português, ao Geral de sua Ordem em Roma com suas respostas sobre a conspiração de Lisboa e seus efeitos*]. Traduzido do italiano por Ch*** D.E.S.R.T.S., em Roma, às expensas da Companhia s.d. [1761], citado por Christine Vogel no livro *Les Antijésuites*, 509 [para as referências mais completas aqui e mais adiante, ver Bibliografia no final do volume].

jesuítas, eco abafado de uma velha acusação de mais de quatro séculos e muitas vezes desmentida. Assassino de Abel ou de Henrique IV, fazendo uso de astúcias e de falsidade, inimigo do gênero humano, este é o "jesuíta eterno", acusado de muitos males, e às vezes de todos os males suportados pelos povos do mundo inteiro.

O mito jesuíta, o conjunto de lendas, crenças e imagens veiculadas ao longo dos séculos sobre a Companhia de Jesus, foi sobretudo um mito do "poder de influência" (o que hoje chamamos de *soft power* [poder de convencimento]). Ao valorizar a enorme e nociva inteligência dos jesuítas, ele denunciava a arte da astúcia deles, seus argumentos complexos, suas infinitas ambições. Poder de influência, mas também poder oculto, já que por longo tempo os jesuítas representaram a capacidade de agir secretamente. O mito serve para descrever os meios utilizados pelos jesuítas para conquistar e manter esse poder secreto. A que se assemelham esses jesuítas "míticos"? Eles formam um corpo organizado como um sistema militar mantido por uma absoluta obediência de seus membros (em nome da célebre fórmula *"perinde ac cadaver"*: "como se fossem cadáveres"), ligado ao papa por meio de um voto de submissão especial e dirigido por um personagem que suscita muitos fantasmas de poder: o superior geral, geralmente chamado de "geral dos jesuítas" e cinicamente rotulado de "papa negro". Presa à reputação de destreza e de habilidade ainda inseparável dos jesuítas (mas com muito mais indulgência do que antigamente), a figura do papa negro é o único vestígio do mito jesuíta ainda um pouco visível em nossos dias.

Se é menos conhecido que o mito do complô judeu ou franco-maçom, o mito jesuíta — na realidade, o mito antijesuíta — foi o que mais mobilizou as opiniões públicas e as elites desde o nascimento da Companhia de Jesus no século XVI até a metade do século XX, delongado em certos países. Não dá mais para medir a extensão dessa fobia e desse ódio, e a leitura das inúmeras páginas consagradas ao assunto, repletas de fantasmagorias que só tem equivalentes ao medo que as suscitou, não cessa de surpreender. Tentaremos mostrar que é legítimo de ver aí a primeira teoria moderna do complô que serviu de modelo aos complôs judeo-maçônico ou judeo-bolchevista. Examinar o mito do complô jesuíta não resulta de uma simples curiosidade histórica. Trata-se na realidade de compreender como e por que pessoas cultas, esclarecidas — esse mito foi antes de tudo um mito "erudito" — puderam veicular mentiras tão grosseiras sobre o suposto poder político de um grupo de religiosos. Como essas acusações caricaturais, formuladas com mais ou menos sentido (a maioria era desprovida), tiveram repercussões concretas, os jesuítas foram expulsos, julgados e às vezes executados.

Esse mito também teve um impacto sobre a vida política. Foi nutrida uma mentalidade com base em complôs que impregnou os costumes políticos durante muitas gerações, atingindo seu auge no século XX. Assim como a ideologia, a lógica do complô foi um motor da ação dos regimes totalitários.

Para responder aos ataques do historiador Michelet, em 1844 o P. de Ravignan, jesuíta, afirmou que nas célebres *Lettres provinciales* [*Cartas provinciais*], nas quais se desenrolou a maior crítica sistemática da moral jesuíta, "Pascal estabeleceu o dicionário da calúnia". Esse julgamento foi muito compartilhado pelos os historiadores do mito jesuíta. De fato, do século XVI aos nossos dias um pesado sentimento de repetições e de vacuidade não cessou de invadir o leitor que percorria os principais textos sobre a questão! No entanto, se os estereótipos têm uma vida durável, se parecem atravessar impassivelmente os séculos, nascem e se desenvolvem dentro de contextos precisos. O mito jesuíta tem realmente uma história cujas inflexões mudam segundo os locais e os momentos, assim como a intensidade, a forma, a densidade da informação e sobretudo a qualidade da informação... A princípio bem localizado, o mito jesuíta passou para uma escala mundial e, por isso, tal qual um espelho invertido, conta também a história de seu tempo.

Vamos atravessar quatro séculos de uma história que começa com o nascimento da Companhia de Jesus em 1540, no momento da Reforma Protestante, nos primórdios da expansão europeia pelo mundo inteiro. Os jesuítas acompanharam amplamente essa evolução da modernidade; foram ora os causadores, ora os adversários, até a supressão da Ordem em 1773 pelo papado, sob a pressão dos Estados absolutistas europeus. Embora sobrevivendo clandestinamente, a Companhia encontrou refúgio na Rússia ortodoxa e na Prússia luterana. Restabelecida em 1814 pelo papa Pio VII, a Ordem fez um retorno caótico durante o século XIX, pontuado de expulsões e às vezes de perseguições, chegando a lutar contra a modernidade política e moral. No século XX, a Companhia ainda sofreu perseguição sob os regimes totalitários, ditatoriais, mas também teve um reconhecimento: foi o século do declínio relativo da lenda negra da Companhia de Jesus que não a deixou desde os primórdios. Nossa pesquisa segue esses três grandes momentos. Ressaltando as inflexões, e às vezes as viravoltas dessa história, tentaremos entender as razões que provocaram a criação do mito do papa negro.

Exercício delicado, pois sempre será preciso lembrar a realidade diante do mito, compreender a parte do certo e do errado, porque, como qualquer outro mito desse gênero, ele não nasceu do nada. Na história da Companhia de Jesus, há muitos elementos que introduziram puras especulações, que depois foram comprovadas como mentiras.

Em outras ocasiões, o autor poderia alertar o leitor para que ficasse bem atento a fim de não ser iludido por fabulações que logo poderia encontrar na leitura. Todavia, tendo o mito jesuíta perdido significativamente sua força, tal advertência não parece necessária, a menos que seja uma oportunidade para refletir sobre outros mitos contemporâneos, outras fobias irracionais, que parecem ter um futuro brilhante pela frente.

I

QUANDO OS "COMPANHEIROS" SE TORNAM "JESUÍTAS"

(SÉCULO XVI)

1540. O papa Paulo III oficializa o nascimento da Companhia de Jesus. Logo a polêmica se avoluma, e o mito jesuíta inicia sua longa carreira. É de fato surpreendente ver a lenda negra da Companhia surgir a partir dos primeiros passos de Inácio e de seus companheiros como se fosse uma sombra necessária. Ela assume então, a forma do "anti-iniguismo"[1], do qual Inácio e seus primeiros companheiros foram vítimas durante os estudos na Universidade de Paris.

O próprio termo "jesuítas", aplicado de imediato aos Companheiros de Jesus, contribui com a formação do mito, porque essa palavra não foi nem empregada por Inácio nem oficializada nas Constituições ou em um documento pontifício antes do Concílio de Trento. E por uma boa razão: a partir da Idade Média, o termo é pejorativo, designando por antífrase o falso devoto, o fariseu. Portanto, é de modo negativo que desde o início são denominados os companheiros de Inácio, como escreve amargudaramente Pedro Canísio em 1545[2]. Aliás, "jesuíta" conservou

---
1. O "iniguismo" deriva do prenome basco de Inácio – "Iñigo".
2. Citado por Alain Guillermou, *Les jésuites*, 93.

essa conotação pejorativa, e isso em todos os idiomas europeus, como os dicionários confirmam desde o século XVII até nossos dias, fazendo do jesuíta um "hipócrita", até mesmo um "astucioso". Dessa maneira, o próprio nome dos jesuítas carrega traços do mito que perseguiu parte de sua história.

A NOVIDADE SUSPEITA DA COMPANHIA

Se o mito jesuíta — como veremos — é antes de tudo um mito político, a polêmica antijesuíta dos primeiros tempos está ligada a princípio à *novidade* representada pela Companhia de Jesus, que tem uma forma de vida religiosa que escapa a qualquer definição estabelecida. Em 1554, o humanista Étienne Pasquier publicou um requisitório muito completo, o *Plaidoyer de l'université de Paris encontre les jésuites* [A defesa da Universidade de Paris contra os jesuítas], em que ele não hesita em qualificar a Companhia de "monstro que, por não ser nem secular nem regular, era os dois ao mesmo tempo, e consequentemente introduzia dentro de nossa Igreja uma Ordem Hermafrodita"[3]. Esse ataque, apenas quinze anos após a criação da Ordem, apresenta um elemento essencial do mito jesuíta: por natureza, o inimigo deve se esquivar categorias vigentes; ele é necessariamente "monstruoso" no sentido em que, incapaz de invenção, será apenas perverso ao confundir as fronteiras e as categorias. Se no início os jesuítas eram julgados perigosos, era porque representavam a modernidade, os novos valores de mobilidade e de ação que seus contemporâneos provocavam e ao mesmo tempo receavam.

---

3. Citado por Catherine Maire em *Les jésuites, maîtres du monde* [Os jesuítas, mestres do mundo], 71.

CAPÍTULO I.
QUANDO OS "COMPANHEIROS" SE TORNAM "JESUÍTAS"

É preciso dizer que a Companhia de Jesus difere radicalmente das outras ordens religiosas, pois pertence a um movimento de "reforma" concebido para afrontar os desafios dos novos tempos. Desde sua chegada ao Ocidente, o movimento monástico nunca cessou de se reformar para se adaptar às mudanças sociais e culturais: monges itinerantes, eremitas, mosteiros erigidos como pequenas cidades, implantações urbanas, prioridade dada à oração, ao trabalho ou à pregração etc. No início do século XVI, o mundo se estendeu de modo considerável não somente por causa da descoberta da América e das viagens de exploração, mas também porque os europeus ampliaram o campo de ação política, econômica e religiosa. Desse modo, o mundo conheceu uma primeira aceleração dos ritmos de vida, uma extensão dos domínios exercida por uma nova elite culta, e finalmente uma pluralidade de caminhos religiosos. Não é por acaso que no início desse século a palavra "religião" começou a ter o significado que tem até hoje em dia, referindo-se à filiação a uma ordem religiosa ou à fé católica, excluindo qualquer outra fé. Desde que não houve mais *a* religião, mas *as* religiões, ocorreu uma grande mudança.

Se os jesuítas querem ser religiosos no meio do mundo, é porque os novos tempos assim o exigem. A primazia é dada à vocação pastoral. Evidentemente, a vida deve ser sustentada pela meditação e pela contemplação, mas nada deve obstruir a ação, razão pela qual Inácio renuncia à recitação do ofício coral — a oração comum e regular supõe uma residência fixa. Da tradição das ordens religiosas ele conserva apenas o que serve ao seu projeto de mobilidade: a independência em relação aos bispos, uma regra própria, a manutenção da vida comunitária, mas com formas adaptadas. Os jesuítas são "clérigos regulares", que mesclam os dois modos de vida estabelecidos pela tradição eclesiástica para quem sonha servir a Igreja: o dos padres (seculares) e o dos monges (religiosos). Essas duas ordens existem desde o século IV, e a Igreja sempre se preocupou em distingui-las de modo cauteloso. Ou se é um "religioso", pertencente à tradição monástica de retiro do mundo e de vida comum; ou se é um "secular", sujeito a um bispo e ligado a uma paróquia, no meio do mundo. Os jesuítas são ambos ao mesmo tempo e, entretanto, nem completamente um nem completamente outro. Entendemos por isso que a Companhia de Jesus não tenha sido uma simples reforma depois de todas as que o movimento monástico conhecera, desde a fundação da Ordem de Cluny até a dos dominicanos e franciscanos no século XIII, passando pelos cistercienses de São Bernardo de Claraval no século anterior. A novidade jesuíta foi tão radical no âmbito sociológico, uma hibridação tão preocupante, que repercutiu dois séculos mais tarde no artigo de Diderot intitulado "Jésuites" de *L'Encyclopédie*: "O que é um jesuíta? Um padre secular? Um padre regular? Um religioso? Um monge? É algo de tudo isso, mas não é isso".

No início do século XVI surgiram outras ordens análogas na forma, como a dos Teatinos (1524), Barnabitas (1533), Somascos (1568), Camilianos (1582) e outros, todos clérigos regulares, todos contornando a proibição de criar novas ordens religiosas ocorrida no IV Concílio de Latrão em 1215. No entanto, unicamente sobre os jesuítas ficou concentrada tão resistente e tenaz hostilidade. Como explicá-la? Observemos a princípio que o rigor da disciplina interna dos Companheiros, assim como a capacidade de transpor as fronteiras, não deixam de surpreender. Muito cedo, com razão ou não, eles surgem como uma "máquina de guerra" da Reforma Católica na Europa renascentista. Depois da morte de Inácio em 1556, os dez companheiros de 1540 se tornaram mais de mil, e a Companhia tinha 150 fundações não somente na Europa, mas também na Ásia e na América Latina. No início do século XVII contavam-se mais de 13 mil jesuítas e quinhentos colégios. Esses sucessos não passavam despercebidos, ainda mais porque as correspondências dos missionários jesuítas foram amplamente difundidas nos colégios da Companhia com o intuito de edificar os alunos. Totalmente dedicados à missão, esses homens surgem como se não tivessem fronteiras. Em razão do recrutamento cosmopolita e da mobilidade exigida por Inácio, muitas vezes eles eram estrangeiros nos países aos quais eram destinados. Sem dúvida, a conjunção de dinamismo e de novidade explica consequentemente o surgimento muito precoce do antijesuitismo.

OS "MELHORES INIMIGOS" DA REFORMA PROTESTANTE

O antijesuitismo se alastrou pela Alemanha, pois foi aí que os jesuítas marcaram seus primeiros pontos. Na realidade, em resposta à Reforma Protestante iniciada com a revolta de Lutero em 1517 contra o poder papal, a Igreja Católica Romana se lançou na reconquista chamada pelos historiadores de "Reforma Católica". Dois poderosos movimentos ao mesmo tempo espirituais e culturais se afrontaram e abalaram a velha cristandade europeia. O papel preponderante dos teólogos jesuítas no Concílio de Trento (Cláudio Jaio, Pedro Fabro, Diego Laínez ou Alfonso Salmerón) os transformou em inimigos abalizados da Reforma Protestante, tendo como tropa de choque o Colégio Germânico, fundado em Roma em 1552, onde se formavam centenas de missionários para a Alemanha. Se Pedro Fabro lançou as primeiras bases — ênfase na persuasão para formar católicos exemplares, evitar qualquer polêmica teológica direta —, o mestre de obras foi Pedro Canísio, provincial da Germânia desde 1556. Autor de um catecismo em latim e em alemão que teve ampla aceitação, Canísio fundou uma rede de colégios em Ingolstadt,

Praga, Munique, Innsbruck, e aumentou os de Colônia e Augsburgo. O sucesso espetacular dos colégios jesuítas, intimamente ligados às missões, surpreendeu e preocupou. Na realidade, apresentavam uma sólida formação intelectual e espiritual para frustrar os heréticos por meio do rigor do raciocínio, da arte da retórica e do vigor moral. Também possibilitaram a instalação de uma rede de influência composta por ex-alunos...

Tudo isso alimentou rapidamente uma literatura polêmica. Dezenas de brochuras e caricaturas espalharam a imagem sombria dos jesuítas, e os protestantes encontraram aliados oportunos (e às vezes oportunistas) entre os católicos. Num contexto em que a luta contra as práticas supersticiosas era ao mesmo tempo uma questão de confessionalização das consciências e da definição de uma elite cultural, foram atribuídos aos companheiros de Jesus poderes mágicos, diabólicos, próprios para atrair as almas. Em razão disso, o cardeal e teólogo jesuíta italiano Roberto Bellarmino foi acusado de usar poções mágicas e de ter tendências sodomitas. No livro *Réfutation par les Écritures du Catéchisme jésuite* [*Refutação pelas escrituras do catecismo jesuíta*], de 1556, o teólogo reformado Johannes Wigand tratou Canísio de "cão de monge, idólatra, lobo, asno papista, mentiroso, trapaceiro, sem vergonha e diabo miserável[4]", e em 1570 o presidente do Concílio dos Anciãos de Estrasburgo, principal instância luterana da cidade alsaciana, o acusou de feitiçaria para explicar a conversão da filha de um protestante importante. Aliás, observemos a diferença das críticas lançadas àquela época aos religiosos, tanto aos monges quanto aos jesuítas: os monges eram glutões, os jesuítas, ascetas; aqueles eram reclusos e inúteis, estes, muito comprometidos com o mundo; o monge era um homem baixo e gordo, o jesuíta, infalivelmente alto e magro.

---

4. Citado por Róisín Healy, *The Jesuit Specter*, 28.

Essa diferença se revelou igualmente no que se pode chamar de "bestiário jesuíta", elaborado a princípio em terra germânica antes de se espalhar por toda a Europa e por muito tempo. Melhor que os longos discursos, a comparação com as cobras, os lagartos e outros camaleões reunia todas as críticas: pela magreza, aptidão à metamorfose, sua capacidade de fugir de seus inimigos, esses animais são uma síntese admiravelmente eficaz do caráter dos jesuítas. Esse bestiário é uma forma de traduzir de modo displicente a malícia, a ambiguidade e a dissimulação dos jesuítas diante do tribunal popular.

A dupla acusação de magia e ascese excessiva cultivada pelos protestantes não é anódina e merece uma interpretação, pois traduz indubitavelmente o mal-estar deles diante da novidade da condição de clérigos regulares dos jesuítas. Um mal-estar ainda mais forte, porque à sua maneira os jesuítas realizam o novo modo de estar no mundo, que os protestantes procuravam, a ascese no mundo descrita mais tarde por Max Weber. Não é surpreendente, portanto, que a acusação de buscar o poder político torne-se o motor principal da crítica antijesuíta.

A "LENDA NEGRA ESPANHOLA"

De fato, a polêmica, nascida no Império Germânico, ganhou nova dimensão quando os jesuítas foram responsabilizados por numerosos massacres, especialmente o de São Bartolomeu, em 1572, em que milhares de protestantes foram mortos por golpes de fanáticos católicos em Paris e em várias cidades do interior da França. O ódio antijesuíta ia da controvérsia confessional à polêmica nacionalista. Na Alemanha, os jesuítas eram comparados aos espanhóis e aos franceses, estereótipos nacionais de grande importância da cultura, da vida das ideias e da diplomacia no início dos tempos modernos. A lenda negra jesuíta se inseria na "lenda negra espanhola", que acusava os reis católicos de querer controlar a vida política europeia em nome da defesa do catolicismo e de instrumentalizar a fé para saciar a sede de poder. Ao apoiar a Liga Católica na França, ao intervir nos Países Baixos e na Alemanha, e preparando uma invasão da Inglaterra em 1588 com a célebre "Invencível Armada", a Coroa Espanhola mesclou tantos objetivos políticos e religiosos que a ideia de um complô espanhol e católico pareceu mais do que verídica. E o fato de, no início, uma boa quantidade de jesuítas ser composta de espanhóis aguçou o imaginário coletivo ao ligar a Companhia à Inquisição, a Felipe II e ao poder arbitrário que representavam. Além disso, aos olhos dos polemistas alemães, os jesuítas, cuja Ordem nasceu em Paris, endossavam a imoralidade e o sacrilégio associados aos franceses: a presença deles no país constituía um atentado à identidade nacional. Por seu lado, os anglicanos os viam como agentes da Espanha, e também de Roma; o clímax foi a "Conspiração da pólvora", de 1605, tentativa de atentado de um grupo de católicos contra o rei Jaime I, matriz do "complô papista" de grande efervescência na Inglaterra (em 1666 eles foram acusados do grande incêndio de Londres!), e do qual os "homens de preto" foram durante muito tempo considerados os mais hábeis executantes. Em 1606 os jesuítas foram expulsos pela República de Veneza em virtude da ingerência estrangeira, especialmente espanhola... no exato momento em que passaram a ser suspeitos, pela Inquisição real da Espanha, de manter laços com a Europa protestante! Na França, na *Satire Ménipée* [*Sátira Menipeia*] (1594), um texto importante da época dos Distúrbios — como eram então chamadas as Guerras de religião —, a palavra "jesuíta" é sinônimo de "espanhol"... Em suma, como os judeus na mesma época, por todo lado os jesuítas eram suspeitos de serem diferentes; eles eram diferentes de todos.

No entanto, por parte dos jesuítas a mobilidade e a recusa de qualquer apego nacional não são nada mais do que a tradução de uma disposição espiritual, bem descrita por Inácio de Loyola na célebre carta redigida ao seu secretário Alfonso Salmerón, então em missão na Irlanda:

> Ao tratar com as pessoas, e principalmente com os iguais ou os inferiores, segundo a dignidade deles, falem pouco, escutem muito e de bom grado. Que os cumprimentos e as despedidas sejam alegres e corteses. Se falarem com homens influentes, considerem a princípio, para ganhar a afeição deles e para conquistá-los a serviço de Deus, o caráter, e o adapte ao seu. Se um homem é inflamado e fala com vivacidade, falem da mesma maneira, evitando os ares graves e melancólicos. Com aqueles de natureza circunspecta, reticentes e lentos em suas conversas, ajam da mesma forma, porque é o que lhes agrada. Com aqueles que são tristes ou propensos, sejam afáveis, mostrando grande alegria para lutar contra sua depressão. Façam tudo para todos[5].

"Fazer tudo para todos": a ordem de São Paulo é retomada tal qual, como a resposta ao mesmo tempo espiritual e pragmática aos desafios da idade moderna. É compreensível que na acusação ao universalismo dos jesuítas se encontre, introduzido no campo político, o tema já visto da "monstruosidade". O "poder" jesuíta constitui uma grave ameaça porque é diferente, contrário aos costumes locais. Nenhum país o ilustra melhor que a França galicana, tão preocupada com suas prerrogativas e com a independência nacional de sua Igreja.

---

5. Citado por Jean Lacouture, *Jésuites, une multibiographie*, 129.

NA FRANÇA GALICANA

Na França, a Companhia ganhou inimigos poderosos, embora heteróclitos. Além dos protestantes, cuja desconfiança parecia legítima, uma parte do episcopado, da Universidade e do Parlamento de Paris se juntou contra eles. Qual foi o principal erro dos jesuítas? Fundamentalmente, o voto especial de obediência ao papa, que violava os princípios de independência da Igreja na França. No entanto, esse princípio abstrato não poderia mobilizar grandes apoios, contrariamente à defesa da Universidade, em que católicos galicanos e huguenotes, bispos e parlamentares encontraram um terreno de entendimento. Na verdade, a Universidade apresentava uma questão crucial não somente por causa da formação intelectual e do controle do conhecimento que oferecia, mas também porque era uma instituição fronteiriça. Embora reivindicasse sua independência, estava sob o duplo controle de Roma e de Paris; portanto, das autoridades eclesiásticas e temporais. Em Paris, não era apenas o rei que se encarregava do temporal, havia também o Parlamento. O arcebispo de Paris e os universitários atacaram, então, os jesuítas por afetarem o poder dos senhores leigos, dos bispos, dos padres, das universidades, das outras ordens religiosas... Difícil reunir contra si tanta gente! O mito jesuíta desempenhou plenamente nesse momento sua função de convergência da opinião pública contra um inimigo comum cujo papel essencial era confirmar, na falta, os valores coletivos: a nação, a onipotência do estado-nação e até as consciências religiosas.

Em 1551, inaugurando uma tradição benevolente da realeza francesa, o rei Henrique III permitiu que a Companhia se estabelecesse em Paris, encarregando o Parlamento de Paris do cuidado de determinar as modalidades. O Parlamento devolveu a questão ao bispo Eustache du Bellay — primo do célebre

CAPÍTULO I.
QUANDO OS "COMPANHEIROS" SE TORNAM "JESUÍTAS"

Joachin, sobrinho do cardeal Jean, protetor de Rabelais, figura muito emblemática da Renascença — e à Universidade de Paris, que se opuseram. A oposição da universidade foi ainda mais intensa em razão do rápido sucesso obtido pelos colégios abertos pelos jesuítas em Paris, e depois no interior. A gratuidade, a qualidade do ensino, a escolha desses colégios — que não levavam em conta a tradição — de ensinar não apenas a teologia e o direito canônico, mas também a gramática, a filosofia e a retórica, eram considerados um acinte à supremacia das faculdades. Para se opor a essa concorrência "desleal" e "perigosa", a universidade estabeleceu uma batalha judicial e divulgou panfletos, entre os quais a *Consulta* (*Consultation*), de Du Moulin, ou a *Defesa (Plaidoyer)*, de Pasquier, já citado. Embora circunscrita no início a uma elite em grande parte parisiense, a polêmica deixou vestígios indeléveis no imaginário nacional.

Contratado pela Universidade de Paris, Étienne Pasquier, advogado do Parlamento de Paris e da Câmara Contábil, era um hábil panfletário e teórico político[6]. Suas *Cartas* exerceram especialmente uma considerável influência sobre a opinião culta da capital. Ele pertenceu à corrente dos "políticos" que consideravam que o poder do rei devia ser limitado pelas leis. No entanto, Pasquier era um adepto do que chamamos de "monarquia mista". Adepto do diálogo entre as Igrejas, ele queria passar o poder temporal à frente dos poderes espirituais. Em seus ataques contra os jesuítas, Pasquier fez de uma simples questão de jurisdição uma questão de Estado ao apresentar a abertura do colégio de Clermont em Paris (que se tornou o Louis-le-Grand) como o início de um complô exclusivo para ameaçar as liberdades galicanas da Igreja da França, as instituições monárquicas e

---

6. Sobre Pasquier, ler a excelente introdução ao *Catecismo dos jesuítas*, de Claude Sutto.

a independência nacional. Depois dessa acusação, o Parlamento de Paris tornou-se o inimigo declarado da Companhia. Durante mais de dois séculos, os jesuítas e o Parlamento praticaram processos quase permanentes.

A virulência da oposição galicana se explicou pelo fato de a Companhia de Jesus ter tocado em pontos cruciais: a independência do rei no temporal e os privilégios da Igreja da França em relação ao papa. Mas a polêmica revelou também o verdadeiro ponto de encontro da oposição antijesuíta: a incapacidade dos primeiros Estados absolutistas e modernos de tolerar em seu interior uma Ordem que fugia a qualquer classificação e que respondia principalmente a uma nova lógica do espaço. Novos homens, os jesuítas não se preocupavam, de fato, com as fronteiras. Quem poderia imaginar pior ameaça?

II
QUANDO O ESTADO MODERNO SEGUE DE PERTO OS JESUÍTAS

(SÉCULOS XVII-XVIII)

A oposição entre os Estados modernos e a Companhia de Jesus colocou frente a frente duas instituições idênticas e concorrentes, fortemente hierarquizadas, apegadas às suas independências e preocupadas com a ubiquidade, centralizadas e onipresentes. Todavia, com uma diferença primordial: enquanto os Estados modernos não conseguiam tolerar a presença de outros Estados em suas fronteiras, a Companhia não conseguiu ficar confinada. Oposição entre duas lógicas: a do território e a da mobilidade. Essa proximidade e essa diferença essenciais explicavam as relações complexas entre os Estados modernos e os jesuítas, feitas de imitação e de oposição. O título desta parte parece traduzir essa complexidade, inspirando-se em um famoso artigo do historiador Ernst Kantorowicz em que ele explica como o Estado moderno "calçou as mulas do papa"[1]. A vontade de controle dos Estados modernos sobre o território e a população, inclusive o clero, passava pela tutoria dos jesuítas, "vanguarda" do projeto universalista da Igreja Romana. Como dissemos, a dominação exercida pelos companheiros jesuítas sobre

---
1. *Mourir pour la patrie* [*Morrer pela pátria*], PUF, 1984.

o mundo da educação, e a forte presença deles junto aos dirigentes, especialmente por intermédio da figura do confessor do rei, exacerbaram a animosidade de seus adversários. Tudo isso levou à expulsão dos jesuítas da maior parte dos Estados católicos e à extinção da Ordem em 1773 pelo papado, acontecimentos que confirmaram, como se fosse necessário, que o mito do poder jesuíta era de natureza política.

OS "MATADORES DE REIS"

Um primeiro ponto de fixação apareceu com o regicídio, tema muito eficaz para mobilizar a opinião pública contra os jesuítas, em particular na França.

A partir da década de 1580, ao tomar um aspecto decididamente político, a polêmica antijesuíta ultrapassou o limite: os jesuítas não eram mais acusados apenas de intenções regicidas, mas também de verdadeiros atentados. Diante dessa situação, Claudio Acquaviva, quarto sucessor de Inácio de Loyola no posto de superior geral, preferiu adotar prudentemente uma atitude neutra, proibindo os jesuítas de qualquer atividade política... Infelizmente, a recusa em tomar partido apenas atraiu suspeitas — ainda mais porque muitos jesuítas levaram seu apoio à Liga Católica, que procurava restaurar a autoridade do Estado expulsando o protestantismo da França. Assim, P. Matthieu, provincial dos jesuítas da França, chegou até mesmo a perguntar ao papa Gregório XIII se havia a necessidade de assassinar Henrique III. Com a vitória de Henrique IV, que tomou o controle de Paris em 1594, e a resultante derrocada da Liga Católica, a Companhia ficou sob pressão.

Também em 1594, a Universidade de Paris aproveitou a oportunidade para obter o fechamento do colégio jesuíta de

Clermont, como ocorrido em Veneza três anos antes, quando os jesuítas foram proibidos de ensinar na universidade. Nesse contexto, o advogado geral Antoine Arnauld, em seu *Plaidoyer pour l'université de Paris contre les jésuites* [*Defesa da Universidade de Paris contra os jesuítas*], escreveu: "o espírito deles, completamente ensanguentado pela morte do rei falecido, o assassinato que foi projetado e decidido dentro de seu colégio, o atentado tão flagrante sobre sua vida, não tem trégua, nem dia, nem noite, continua sonhando, sempre agitando, sempre trabalhando, para chegar a esse último ponto, que é o cúmulo de todas as aspirações e de todos os desejos dos jesuítas"[2]. Como vemos, a questão não era apenas de ordem acadêmica... O objetivo era claramente obter a expulsão da Companhia, e quando, no mês de dezembro, um ex-aluno do Colégio de Clermont, Jean Châtel, fracassou na tentativa de matar Henrique IV, as coisas se precipitaram, embora durante o interrogatório o criminoso tivesse eximido a Companhia de qualquer responsabilidade.

Em 7 de janeiro de 1795, P. Guignard foi executado na Praça de Grève em Paris por ter escrito "textos apologéticos sobre o assassinato de Henrique IV". Os Parlamentos, exceto os de Toulouse e de Bordeaux, baniram os jesuítas do reino; cada uma dessas prisões provocou forçosamente comentários em panfletos, libelos e outros meios de divulgação. Espalhou-se por toda a Europa a suspeita de regicídio: tentativas de atentados contra Elisabete I na Inglaterra em 1586 ou contra Guilherme d'Orange e Maurício de Nassau nas Províncias Unidas em 1598... E toda vez via-se aí a mão dos jesuítas. Os esforços de L. Richeome, célebre pregador jesuíta, para apagar o "incêndio" pareceram ineficazes.

---

2. Citado por C. Maire em *Jésuites, maîtres du monde* [*Jesuítas, donos do mundo*], 72.

Isso porque a questão do regicídio era central naquela época de elaboração da teoria do Estado absoluto, matriz do Estado moderno. Nada ilustra tudo isso melhor do que a polêmica europeia provocada pelo livro de um teólogo jesuíta espanhol. No livro *De rege et regis institutione*, publicado em 1598, Juan de Mariana lembra, não sem antes impor numerosas condições, que o povo tem toda a legitimidade para destituir o rei que o tiraniza. Na realidade, segundo Mariana, que retoma os elementos da tradição política ocidental, o rei exerce seu poder apenas por intermédio da delegação do povo, todas as coisas que comprovadamente não são mais atuais e fornecem argumentos fortes aos antijesuítas.

Entretanto, em 1605, Henrique IV chamou de novo os jesuítas e chegou mesmo a escolher entre eles seu confessor, P. Coton. Ele se baseou em um decreto redigido em 1602 por Acquaviva para uso dos jesuítas confessores de reis, que os intimava a evitar "de se imiscuírem nas questões políticas e alheias à disposição deles". Mas essas precauções tiveram pouco peso diante da figura inquietante que representava o confessor do rei, que por intermédio dele próprio incorporava o controle do político por meio do poder espiritual ou religioso. Não faltavam exemplos extraídos da história para reforçar as suspeitas de manipulação: desde o imperador Teodósio, recriminado por Ambrósio de Milão, até a humilhação de Luís, o Piedoso, pelos bispos de seu reino. No entanto, ao contrário das insinuações do boato, P. Coton teve apenas um pequeno papel nas decisões reais. Em 14 de maio de 1610, Henrique IV foi assassinado por Ravaillac, um católico fanático. Imediatamente, os jesuítas foram acusados de ter incitado o assassinato. O livro *De rege* de Mariana foi diretamente responsabilizado pelo assassinato do rei, e o Parlamento de Paris decidiu seu auto de fé. Desejando inocentar a Companhia de Jesus, P. Coton publicou uma *Carta declaratória da doutrina dos padres jesuítas*, e, como resposta, teve um panfleto intitulado *O anticoton*, o que tornou o tiranicídio o centro do debate.

Desse modo, é no contexto da instauração do Estado moderno e da consolidação do poder real que é preciso interpretar esse mito jesuíta e seus desdobramentos no século XVII. Graças à grande modernidade, os jesuítas têm lugar de concorrentes em relação ao Estado, encarnado pela pessoa do rei. A própria existência deles já constitui uma limitação ao seu poder concebido como absoluto.

DOIS TEXTOS FUNDADORES DO MITO JESUÍTA

No início do século XVII, essa abordagem é confirmada por meio da publicação de dois textos essenciais da literatura antijesuíta: o *Catecismo dos jesuítas* de Pasquier e as *Monita secreta,* duas verdadeiras sínteses. Compilam e articulam todas as acusações nas duas formas privilegiadas pela literatura polêmica: o tema de acusação e o falso.

O CATECISMO DOS JESUÍTAS *DE PASQUIER*

O Catecismo dos Jesuítas, ou o Mistério de iniquidade revelado por seus adeptos mediante o exame de sua própria doutrina segundo a crença da Igreja romana, do galicano Étienne Pasquier, assim que publicado em 1602 foi imediatamente traduzido em inglês, alemão, holandês. Embora não inove na argumentação, Pasquier reúne uma quantidade de documentos que seriam frequentemente explorados nos séculos seguintes. Na forma de um diálogo imaginário entre viajantes, incluindo um jesuíta que fala pouco e serve de ator secundário a um advogado que desenvolve longas perorações hostis à Companhia, Pasquier começa com a questão da novidade da condição da Companhia de Jesus e da ruptura com a "tradição" (leia-se a tradição galicana) que ela constitui. Acusação clássica, com a característica de um galicano como Pasquier, que não acusa o papa, mas a própria Companhia. Desse modo, o advogado enfatiza a dimensão política da ação dos jesuítas, mostrando como ela converge em busca dos poderes temporais.

Na política da Companhia, Pasquier distingue três constantes: a primazia do papa sobre a Igreja universal; a submissão do temporal ao espiritual; o desaparecimento do papa diante da vontade da Companhia. A terceira parte do *Catecismo* é inteiramente consagrada à intervenção jesuíta nas questões políticas. São examinadas as más ações políticas dos jesuítas associadas ao partido do estrangeiro na França e na Inglaterra. A Companhia não é mais suspeita por querer tirar proveito dos poderosos, mas por manipular de modo velado. Aliás, essa acusação surgiu desde as primeiras páginas em que os jesuítas foram apresentados como seres hipócritas que agem de modo dissimulado. Considerados a principal força a serviço do papa, formavam de modo semelhante uma potência oculta capaz de controlar o papa. Na visão de Pasquier, os jesuítas usavam a intermediação da Igreja para instalar seu poder sobre todas as nações, porque "não amam outra coisa senão o progresso de sua República, que eles chamam de Companhia de Jesus, e porque esta começou e teve seu progresso apenas por meio dos Distúrbios, portanto eles visam apenas a perturbar os reinos onde permanecem". O que preocupa não é mais simplesmente o fato de os jesuítas não respeitarem as fronteiras ou de eles serem agentes de uma potência estrangeira, mas de constituírem uma potência à parte. Crítica inseparável daquela que diz respeito ao internacionalismo deles, num momento em que as nações modernas se constroem em torno das monarquias absolutas.

Além disso, Pasquier estabeleceu um paralelo recorrente entre Inácio e Maquiavel. A comparação não é anódina. Na Europa moderna, nenhuma figura era mais controversa que a de Maquiavel. Sua concepção da política seduzia porque se assemelhava à modernidade nascente, e era rechaçada por sua ausência de moralidade, ou melhor, por sua nova concepção da moral pública. Maquiavel é o fim do sonho da cristandade, de um poder temporal inspirado por razões morais e espirituais. Segundo Pasquier, à semelhança do *Príncipe* de Maquiavel, Inácio é uma personalidade cínica, falsa, autoritária, consumida pela ambição, pronta para todas as concessões, desde que sirvam a seus interesses; em suma, "um homem de Estado, e não de religião". Ao fazer o retrato de Inácio, Étienne Pasquier o estende evidentemente a todo e qualquer jesuíta.

OS MONITA SECRETA

Imaginem uma associação em que os membros tenham rompido todos os vínculos de família e de pátria que os uniam aos outros homens, e cujos esforços se estenderiam a um único e formidável fim: seu desenvolvimento e o estabelecimento de sua dominação por intermédio de todos os meios possíveis, sobre todas as nações da Terra. Imaginem ainda que essa imensa conspiração tenha acabado por substituir suas regras e sua política pelos próprios preceitos da religião; que ela tenha pouco a pouco dominado os príncipes da Igreja, os tenha mantido numa real servidão, embora não declarada, de modo que aqueles que portam oficialmente os títulos e incorrem em responsabilidade são apenas os instrumentos dóceis de uma força oculta e silenciosa. Esses são os jesuítas.

Essas linhas são extraídas do prefácio de uma reedição do século XIX de uma das mais famosas peças de acusação antijesuíta, os *Monita secreta*, publicados em 1614 sob o nome de *Monita privata Societatis Iesu*[3]. Pastiches de instruções dadas pelo superior geral, reunindo estereótipos e suspeitas, compõem a obra do polonês Hieronim Zahorowski, expulso da Ordem alguns anos antes, quando a Companhia foi abalada pelo debate sobre a prudência em matéria política que Claudio Acquaviva queria que fosse respeitada. Igualmente um momento em que o Estado moderno estava ainda vacilante no período dos Distúrbios: em que se cultivava o gosto dos arcanos pelo poder, em que se inspecionavam as intenções ocultas etc. A partir daí, compreende-se muito bem que os *Monita secreta* se concentraram sobre os estratagemas políticos dos jesuítas e que tiveram um considerável sucesso. Rapidamente traduzidos nas principais línguas europeias, tiveram várias reedições: somente na Alemanha foram 18 no século XVII, 32 no século XVIII e 70 no século XIX. No entanto, o conteúdo é bastante pobre por causa de sua exasperante insistência na rapacidade dos jesuítas, em sua propensão em desviar o dinheiro das viúvas ou em suas liberalidades morais tomadas junto aos seus rebanhos…

A rapacidade e o laxismo estariam ordenados em vista da conquista do poder, como o livro diz aos jesuítas: "Temos de empenhar todos os nossos esforços para ganhar sempre o ouvido e a mente dos príncipes e das pessoas mais eminentes, para que ninguém possa se levantar contra nós, mas, ao contrário, que todos sejam obrigados a depender de nós". Embora a finalidade dessa dominação nunca tenha sido descrita, nem por isso os jesuítas deixaram de ser responsabilizados pelos distúrbios políticos de sua época: "Que não se espere chegar lá, pois será necessário que ocorra escândalos, será preciso mudar de política

---
3. Sobre esse texto, ver o artigo de Sabina Pavone citado na Bibliografia.

conforme o tempo, e incitar todos os príncipes amigos dos nossos a provocar mutuamente terríveis guerras, para que se implore por todo lado o socorro da sociedade, e que isso sirva para a reconciliação pública, como a causa do bem comum, e que esta seja recompensada pelos principais benefícios e pelas dignidades eclesiásticas". E o parágrafo final conclui: "Finalmente a sociedade, depois de ter ganho o favor e a autoridade dos príncipes, tentará ser pelo menos temida por aqueles que não a amam".

O único aspecto em que os *Monita secreta* inovaram e fizeram escola foi no emprego de um argumento irrefutável, a essência de todo imaginário do complô: já estava determinado desde as primeiras páginas do livro que os jesuítas deveriam negar a existência dessas "instruções secretas", o que invalidava *ipso facto* qualquer contra-ataque a esse texto! Qualquer desmentido dos jesuítas diante dessas acusações só faria reforçar a prova de sua veracidade! Esse texto extraiu sua força tanto dos argumentos do antijesuitismo tradicional, criticando a atividade da Companhia pelo mundo, quanto da revelação de uma pretensa polêmica interna na Companhia denunciando o governo supostamente despótico de Inácio e de seus sucessores. Os *Monita secreta* tiveram como efeito alimentar certa curiosidade pelas *Constituições* da Companhia de Jesus, regularmente analisadas e desconstruídas por ocasião das polêmicas.

Os dois *best-sellers* da literatura antijesuíta mostraram bem que a Companhia parecia para muitos o inimigo íntimo do Estado, cuja racionalidade se constrói igualmente a partir do imaginário coletivo ao suscitar o medo dos complôs: o das feiticeiras, cuja grande queima era ainda muito recente, o do estrangeiro e, às vezes, o dos judeus etc. Albert Einstein o havia formulado de maneira surpreendente: "Os demônios estão em todos os lugares: é provável que, de modo geral, a crença na ação dos demônios se encontre na raiz de nossa noção de causalidade". No entanto, para que a razão triunfe, *a fortiori* se for uma razão de Estado, é preciso que os demônios sejam derrotados.

EXPULSAR OS JESUÍTAS DO REINO

Nada ilustra melhor a antinomia entre os jesuítas e os Estados do que o conluio que, no século XVIII, levou à expulsão da Companhia da maioria dos países europeus e à sua extinção por aquele com o qual ela estava ligada por meio de um voto especial de obediência: o papa. É difícil estabelecer uma história correta dessa extinção em virtude da quantidade, a favor da polêmica, de falsificação e de alteração dos documentos. A polêmica foi à altura da mais poderosa das ordens religiosas da Reforma Católica: 22.500 religiosos, oitocentas residências, setecentos colégios e sobretudo mais de trezentas missões em todo o mundo.

AS ACUSAÇÕES DE DESPOTISMO

As missões, importantes lugares de afirmação das potências estatais, garantindo ciosamente a preservação de suas prerrogativas, estão sempre na origem das polêmicas:

- Na controvérsia dos ritos chineses, que se prolongou até 1746 por conta dos ritos malabares, os jesuítas foram acusados de propagar ritos pagãos por outras ordens religiosas, que fizeram com que fossem condenados pelo papado. Esse debate teológico também teve uma dimensão política, pois tratava-se de proteger a racionalidade europeia.
- A espinhosa questão das *Reduções* do Paraguai teve um impacto muito maior. Nos confins dos impérios coloniais portugueses e espanhóis, os jesuítas organizaram repúblicas

independentes para os índios guaranis, para que não fossem escravizados. Como as potências europeias pretendiam controlar esses territórios, os guaranis se revoltaram em 1750-1756 contra as tropas portuguesas e foram aniquilados.

- Nessa mesma época explodiu o escândalo causado por P. Antoine Lavalette, também ligado às atividades missionárias como procurador da Companhia na ilha de Martinica. Com o intuito de financiar as obras jesuítas, Lavalette decidiu desenvolver culturas de café, açúcar e índigo, e comercializá-las. Apesar das advertências dos responsáveis de sua província, ele prosseguiu seu intento aventureiro até ir à bancarrota. No entanto, o parlamento habilitado para se pronunciar sobre a falência das firmas ligadas à Missão das Antilhas era o de Paris, no qual a maioria dos membros era composta por jansenistas, hostis aos jesuítas, a quem atribuíam a culpa pela condenação de Jansênio pela bula *Unigenitus* em 1713. A "Sociedade", como se dizia à época, se apresentou a eles como instrumento do poder romano, estranho e opressor. As acusações de hipocrisia e de laxismo lançadas por Pascal no livro *Les Provinciales* ou por Molière em *Le Tartuffe*, caricaturando a casuística, se transformaram em acusações de maquiavelismo. Assim, o Parlamento de Paris transformou esse escândalo financeiro em uma questão religiosa e política, como mostrou o requisitório do Duque de Choiseul: "Atualmente, não sou mais indiferente aos jesuítas. Obtive provas de quanto essa Ordem e todos os que a ela aderem são perniciosos para a Corte e para o Estado, seja pelo fanatismo ou por ambição, seja por favorecer suas intrigas e seus defeitos; e, se eu fizesse parte do ministério, aconselharia o rei a nunca se deixar influenciar"[4]. O parlamento decidiu realizar investigação das *Constituições* jesuítas. O procurador do rei no Parlamento da

---

4. Citado por Jacques Crétineau-Joly, *Histoire religieuse, politique et littéraire de la Compagnie de Jésus*, vol. V, 266.

Bretanha, Caradeuc de La Chatolais, concluiu que a estrutura da Companhia em si era nefasta:

> Existe um homem racional que, conhecendo as Constituições dos Jesuítas, sua organização durante o tempo de juventude, a doutrina da sociedade que acabo de expor, não ficaria alarmado com as facilidades que um líder dos jesuítas teria para tramar, para aliciar, digamos francamente, para conspirar? Um homem que tem 20 mil indivíduos dedicados às suas ordens por condição e princípio de religião, prontos para derramar seu sangue pela sociedade, acostumados a suportar o jugo da mais absoluta obediência, a olhar seu líder como um Deus, como Jesus Cristo, pessoas do segredo do qual ele detém a certeza, um déspota cujo menor sinal é uma lei, uma carta é um decreto, uma ordem, que tem em mãos todos os tesouros do comércio da sociedade, e se informa 177 vezes por ano sobre o estado de todos os reinos; o que ele não pode fazer[5]?

Vemos surgir aí uma crítica maior: o despotismo, como definido por Montesquieu em 1748 em seu livro *O espírito das leis*. No livro VIII, falando dos relatos dos missionários jesuítas sobre a China, ele se espanta de fato com a admiração deles pelo regime imperial chinês:

> Não é possível que os missionários tenham se enganado por uma aparência de ordem; que tenham sido marcados pelo exercício contínuo da vontade de um único, *pelo qual eles próprios são governados,* e que gostem tanto de encontrar nas cortes os reis das Índias, porque ali, indo apenas para realizar grandes mudanças, é mais fácil convencer os príncipes de que podem fazer tudo para persuadir os povos de que podem sofrer tudo?

---

5. Citado por C. Marie, *Les jésuites, maîtres du monde*, 74.

Evidentemente, Montesquieu não gosta dos jesuítas, como revelam seus textos póstumos, mas ele teme acima de tudo o poder universal deles: "Se ofendo alguém importante, lemos em seus *Pensamentos*, ele me esquecerá, eu o esquecerei, passarei para uma outra província, para outro reino. Mas, se ofendo os jesuítas em Roma, eu os encontrarei em Paris: eles me cercarão por todos os lados. O hábito que eles têm de sempre trocar correspondência entre si promove suas inimizades". E ele teme sobretudo a sede de dominação: a Companhia "olha o prazer de comandar como o único bem de sua vida"[6].

Outro sinal do novo interesse por essas questões: na edição reformulada dos *Monita secreta* no início do século XVIII, o último parágrafo, que trata da necessidade dos jesuítas de negar a existência das instruções secretas, é colocado no início do relato, reforçando ainda mais a ideia da necessária submissão do indivíduo ao corpo coletivo[7]. Assim, volta à tona a célebre polêmica contra a fórmula, presente nas *Constituições* jesuítas, que exige dos jesuítas uma vida de obediência *"perinde ac cadaver"* (como se fossem cadáveres). Essa fórmula, compreendida a princípio pelo âmbito espiritual, é extraída da tradição ascética do Ocidente. Aliás, ela não é central para os jesuítas porque não é encontrada em nenhum lugar além das *Constituições*, e Inácio nunca a utilizou diretamente. No século XVII, essa crítica da obediência cega e desumana dos jesuítas era sobretudo de ordem moral e objetivava denunciar o funcionamento interno da Companhia. A partir do século XVIII, adquiriu um sentido político, e a Companhia passou a ser vista como um modelo em matéria de despotismo.

---

6. *O espírito das leis, IV*, 6.
7. Assinalado por Sabina Pavone em "Antiijésuitisme politique et antijésuitisme jésuite", *Les Antijésuites*, 145.

PERMANÊNCIA DA ACUSAÇÃO DE REGICÍDIO

Conforme a opinião pública, a principal alavanca de mobilização continuou sendo a acusação de regicídio, alentada pelo atentado cometido por Robert-François Damiens contra Luís XV em 1757, depois, em 1758, contra o rei de Portugal. Sebastião de Carvalho, o Marquês de Pombal e sobretudo primeiro-ministro da Coroa Portuguesa, aproveitou a ocasião para ajustar definitivamente suas contas com a Companhia, que obstruiu por muito tempo as pretensões coloniais portuguesas na América do Sul. Pelo julgamento de 12 de janeiro de 1759, ele mandou condenar os jesuítas por "terem efetuado usurpações na Coroa Portuguesa, na África e na América; por terem excitado e fomentado a revolta no norte e no sul dos Estados do Brasil; por terem criado as mais caluniosas ideias contra a reputação do rei; por terem realizado execráveis projetos de excitação às revoltas na capital e no reino"[8]. Muitas vezes comparado a Richelieu pelos métodos autoritários, eficazes e cínicos, Pombal acusou então a Companhia de Jesus de ser como um Estado no interior do Estado. Dez jesuítas foram queimados pela Inquisição Real e 1.500, deportados para Città Vecchia. A respeito disso, Portugal estava na vanguarda da Europa. O Marquês de Pombal criou verdadeiras oficinas de tradução e de difusão, nas quais o padre Platel, ex-capuchinho, se mostrou muito ativo, inundando a Europa de centenas de libelos antijesuítas intitulados *Notícias interessantes*. Para justificar o decreto de expulsão do dia 16 de setembro de 1759, ele escreveu:

> Esses padres decidem autoritariamente que não há pecado venial em matar o rei [...] Esses padres talvez não sejam os únicos em

---

8. Citado por E. Franco em "L'antijésuitisme au Portugal", *Les Antijésuites*, 357.

sustentar a tese de que às vezes é permitido matar os reis; mas são os únicos que nunca abandonaram essa execrável doutrina. São os únicos que o adotaram como corpo. Os únicos que a ensinaram por meio de uma tradição perpétua, há mais de cento e cinquenta anos. Enfim, são os únicos que a tomaram como regra de conduta e que a aplicaram conforme seus próprios interesses.

Logo, a Companhia parecia cada vez mais incompatível com os Estados absolutistas. Isso se manifestava em terra galicana e também no mundo germânico, em que o febronianismo (na Alemanha) e o josefismo (na Áustria) defendiam concepções nacionais da Igreja, hostis às ingerências de Roma e, portanto, dos jesuítas. Podemos afirmar que a Companhia era vista como a duplicação maléfica do Estado enquanto opositora do progresso, da ordem, da verdade, da moral, todas qualidades defendidas pelo Estado absolutista. Em meio à opinião culta cresceu a ideia de que os jesuítas constituíam um obstáculo à prosperidade do Estado.

A OFENSIVA DOS FILÓSOFOS DO ILUMINISMO

Essa intriga não concentra apenas os ataques dos Estados, mas engloba também o revezamento das ofensivas intelectuais de filósofos do Iluminismo, como Voltaire (*Cândido ou O ingênuo*, embora muito mais matizado alhures), Diderot ou d'Alembert (a *Enciclopédia*). A oposição era evidente. De fato, o ensinamento jesuíta não estava muito distante das ideias dos filósofos. A maioria deles foi formada em colégios da Companhia, onde eram ensinados em latim, naturalmente, Malebranche e Mersenne, dois pilares da ideia de "religião natural" baseada mais na razão do que na revelação. Dando prova de seu universalismo por meio da controvérsia dos ritos chineses ou da questão das repúblicas guaranis, os jesuítas receberam apoio de figuras intelectuais como Leibniz, Buffon ou Voltaire. Mesmo Montesquieu, em *O espírito das leis*, já citado, escreveu que ele "está feliz por [a Companhia de Jesus] ter sido a primeira que mostrou nesses países a ideia da religião associada à da humanidade. Ao reparar as devastações dos Espanhóis, ela começou a curar uma das maiores feridas já abertas pelo gênero humano". De modo semelhante, a *Enciclopédia*, embora ofereça um retrato muito negativo da Companhia de Jesus como ordem religiosa, é completamente neutra quando se refere aos jesuítas individualmente ou às suas obras. Em muitos aspectos, os jesuítas fazem parte da república das letras tão enaltecida pelos filósofos.

E, no entanto, a guerra foi animada! Na verdade, a Companhia era criticada por não acompanhar seu tempo, por ensinar em latim, preferindo a física de Aristóteles ou Descartes à de Newton. Principalmente a religiosidade que ela ainda desenvolvia, baseando-se nas devoções populares, como a do Sagrado Coração, ou nas peregrinações locais, era contrária à sensibilidade racionalista das elites. A teatralidade barroca das missões jesuítas no Império e na França em particular suscitava emoções coletivas e alimentava um imaginário dramático, com insistência na humanidade de Deus, em oposição à religião racional e razoável sonhada pelos filósofos do Iluminismo e pela maioria dos teólogos alemães e ingleses, como Johann Michael Sailer, Johann Christian Wolff ou Hermann Samuel Reimarus. Estes denunciaram as "superstições" populares e não conseguiram compreender a pastoral dos jesuítas de outra maneira a não ser como manipulação deliberada. Segundo eles, os jesuítas eram muito cultos para poder aderir conscientemente a essa religiosidade da emoção… Eram assimilados aos profetas do obscurantismo, que pretendiam conservar um controle sobre a consciência popular, particularmente sobre a consciência das mulheres. Aliás, muitos libelos denunciavam o sensualismo das missões jesuítas, sua tolerância com os excessos da sexualidade feminina, estimulada pelo laxismo moral. Essa concepção era tão bem compartilhada pelas elites do século XVIII, que na breve extinção da Companhia em 1773 o papa Clemente XIV repreendeu a Companhia por preservar os costumes pagãos durante suas missões. Se essa acusação remete ao conflito dos ritos chineses, também soa de forma diferente nesse século do Iluminismo.

A EXTINÇÃO DA COMPANHIA

Os jesuítas foram expulsos sucessivamente de Portugal em 1759, da França em 1763, e da Espanha e de suas colônias em 1767. A proibição, seguida da extinção da Companhia, era fruto do conluio do Iluminismo com os governantes. Evidentemente, estes não compartilhavam dos mesmos argumentos: a acusação de regicídio partia sobretudo do lado das autoridades públicas; a do obscurantismo, mais do lado dos filósofos. Todavia, ambos concordaram com relação ao despotismo, que apresentava vários aspectos:

- O primeiro é que a Companhia formava um corpo social global. Ao conseguir a extinção da Companhia, os grandes Estados absolutistas eliminaram de fato um *alter ego*, antecipando sua supressão, algumas décadas mais tarde. A principal falha dos jesuítas não era mais estar às ordens do estrangeiro, mas querer impor as próprias regras, querer constituir um corpo autônomo, de natureza estatal. Eram considerados uma "nação", um "despotismo absoluto", testemunhado pelo advogado Louis-Adrien Le Paige, jansenista concentrado na destruição da Companhia, que publicou a *História do nascimento e dos progressos da Companhia de Jesus* (1761), na qual se lê: "Suas constituições e o instituto inteiro respiram apenas o ambicioso desígnio de estabelecer em nome da Companhia de Jesus uma monarquia universal, na qual todo o resto se concentra, que invade todos os outros corpos e que envolve todos os poderes cristãos, espirituais e temporais, sob a dependência do único geral dos jesuítas"[9]. Ele ressalta particularmente "o estranho poder" do geral que controla a Companhia. No entanto, segundo Le Paige, era a alma do corpo que comandava a Companhia, da qual o geral, em definitivo, não passava de um escravo voluntário entre os outros.

- O despotismo jesuíta tinha também um sentido mais sutil: ameaçava a liberdade do indivíduo diante da Igreja. Os estudos sobre o antijesuitismo na Itália, na França, na Tchecoslováquia ou na Espanha eram convergentes: a partir da segunda metade do século XVIII, a questão da delimitação do Estado em relação à Igreja tornou-se central. A polêmica antijesuíta, conduzida por meios parlamentares e jansenistas, desempenhou, portanto, um papel decisivo no processo de secularização, marcou uma guinada em direção à absorção da Igreja pelo Estado, que se considera desde então como a única instituição incumbida da salvação. Interpretação validada por um paradoxo muitas vezes encontrado: por ocasião da extinção da Companhia no final do século XVIII, não foi em Roma, mas na Prússia e na Rússia, até mesmo na Inglaterra, que os jesuítas encontraram refúgio e proteção. De fato, Roma pôde apenas ameaçar o poder dos Estados católicos! No século do Iluminismo, a desconfiança a respeito da Companhia permaneceu nos limites do racional e do plausível; ainda não havia debandado para a paranoia complotista.

---

9. Citado por C. Marie em "Des comptes rendus des constitutions jésuites à la Constitution civile du clergé", *Les Antijésuites*, 409.

III
A ÉPOCA DAS SOCIEDADES SECRETAS
(FINAL DO SÉCULO XVIII — INÍCIO DO SÉCULO XIX)

Se a ordem jesuíta parecia morta, nem por isso seu mito estava sepultado. Ao contrário, sobressaiu-se mais poderoso, pois mais dissimulado. A Companhia de Jesus foi a vítima privilegiada de uma das grandes obsessões do século XVIII, a dos "agrupamentos", como comprovado também pela condenação da franco-maçonaria por Frederico II da Prússia em 1740, pelo sultão de Constantinopla em 1748 e por dois papas sucessivos. Na verdade, as monarquias queriam controlar toda assembleia em seu território, fossem elas religiosas ou ideológicas, e *a fortiori* qualquer movimento durável com membros fortemente ligados, como por exemplo os votos religiosos. Assim, a Comissão dos Regulares criada por Luís XV proibiu os homens de proferir os votos antes de 21 anos de idade, e as mulheres antes de 18 anos. Depois, entre 1768 e 1780, o rei suprimiu uma dezena de ordens religiosas no país.

Os revolucionários se inserem na tradição, reforçada pelas teses de Rousseau hostis aos corpos intermediários entre o indivíduo e a sociedade. Em 13 de fevereiro de 1790, a Assembleia Constituinte proibiu os votos monásticos e extinguiu as ordens religiosas regulares, considerando que não tinham nenhuma utilidade social. Apesar da instauração desse drástico controle, o medo das oposições internas, além de não ter se atenuado, se transformou em medo dos complôs. O mundo parecia estar tomado paulatinamente por sociedades secretas; os antijesuítas viam "homens de preto" por todo canto, escondidos entre os protestantes e entre os franco-maçons, ou, ao contrário, suspeitos de querer derrubar do interior a nova ordem revolucionária. Esse medo era reforçado pela efervescência ocultista que se estendeu na virada do século XVIII, das estranhezas de Cagliostro à pseudociência de Mesmer, passando pelas visões de Emmanuel Swedenborg ou de Claude de Saint-Martin.

OS JESUÍTAS NA ORIGEM DOS COMPLÔS

A Alemanha é uma terra propícia a esses fantasmas e a essa paranoia, e a Companhia surgiu em muitos aspectos como o modelo das sociedades secretas, especialmente por causa dos *Monita secreta*. Uma das obras mais populares desse período é *O visionário*, novela de Friedrich Schiller que relata a forma como um jesuíta tenta converter um príncipe protestante estimulando a crença no sobrenatural...

Entre as críticas mais ásperas, distinguimos não apenas os publicistas protestantes como Friedrich Nicolaï ou Johann Joachim Christoph Bode, mas também os católicos próximos do Iluminismo, como a sociedade secreta dos *Illuminati*. Essa associação maçônica foi fundada em 1776 por um professor de direito canônico da Universidade de Ingolstadt, Adam Weishaupt[1], para lutar contra a influência dos jesuítas. Modelo para as sociedades

---

1. Ler, sobre esse assunto, as análises de Bernard Plongeron sobre a Europa do sobrenatural no tomo X da *História do cristianismo*.

secretas durante todo o século XIX, teve certo sucesso durante alguns anos, antes de ser desfeita pelas autoridades. Em 1781, um dos dirigentes da Ordem dos Iluminados, Adolf Freiher von Knigge, publicou um livro que ele atribuiu a um jesuíta, *Des jésuites, Des francs-maçons et des rosicruciens allemands* [Os jesuítas, os franco-maçons e os rosa-cruzes alemães], no qual declara que os jesuítas continuam sua atividade, mas dissimulados, e que continuam influentes juntos aos príncipes, infiltrando-se secretamente nos movimentos influentes. No entanto, a loja dos *Illuminati*, criada para lutar contra os jesuítas no próprio terreno deles, adotou as formas de ação e de organização que seus fundadores emprestaram dos jesuítas. Os *Illuminati,* ou como o mito fabrica a realidade...

O PAPEL DOS JESUÍTAS NA CONTRARREVOLUÇÃO

Em defesa dos Iluminados, temos de dizer que os jesuítas desempenharam um papel ativo na Contrarrevolução e contribuíram ao modo deles para criar a mentalidade complotista. O mais decisivo era Augustin Barruel, jesuíta francês exilado na Inglaterra[2]. Em 1781 ele começou a escrever para combater Voltaire e os enciclopedistas em seu livro *Les Helviennes*, obra polêmica que se apoiou muito — paradoxalmente —, no livro *Provinciales*, na arte de ridicularizar o adversário. Ele tinha uma convicção profunda de que esses filósofos eram sofistas ligados à destruição da cultura cristã, aliança, segundo ele, da razão e da revelação. Durante a revolução, prosseguiu sua obra, mas dessa vez contra as concepções políticas de Rousseau que ele via produzidas na

---

2. Sobre A. Barruel, ver seu livro *Um jésuite face aux jacobins francs-maçons* [Um jesuíta diante dos jacobinos franco-maçons].

Constituinte. Em Londres, a partir de 1792 descobriu as associações maçônicas inspiradas por Weishaupt, e deduziu daí que toda a maçonaria se resumia nos Iluminados da Baviera. Suas *Mémoires pour servir à l'histoire du jacobinisme* [Memórias para servir à história do jacobinismo], publicadas em Londres em 1789, são um volumoso estudo sobre as origens do jacobinismo, no qual ele percebe uma enorme conspiração dos filósofos do Iluminismo, dos franco-maçons e dos *Illuminati*.

De fato, Barruel se convenceu de que o ataque jansenista contra a Ordem na França já era a ação de todos esses grupos, e que foi prolongado por Voltaire e Frederico, o Grande, até à extinção da Companhia. Esta conseguiu até decifrar os códigos secretos utilizados pelos filósofos em suas correspondências: "Nada nessa Revolução Francesa, tudo, até seus mais atrozes crimes, tudo foi previsto, meditado, combinado, resolvido, estabelecido: tudo foi o efeito da perversidade, já que tudo foi preparado, conduzido por homens que durante muito tempo urdiram o fio das conspirações nas sociedades secretas, e que souberam escolher e acelerar os momentos propícios aos complôs". Compreende-se o sucesso das teses de Barruel entre os contrarrevolucionários e mais além, até na constituição *Ecclesiam a Jesu Christo*, em que o papa Pio VII denuncia a conspiração dos franco-maçons: "Para chegar mais facilmente a esse objetivo [derrubar a Igreja e arrancar-lhe seus fiéis], a maioria entre eles formou sociedades ocultas, seitas clandestinas, esperando desse modo atrair mais livremente um maior número de pessoas para suas conjurações e sociedades criminosas".

A influência de Barruel atravessou todo o século e vários ambientes, à direita, e mesmo entre os republicanos revolucionários, como Auguste Blanqui. É verdade que o esquema complotista de Barruel era atraente. Não somente tudo estava explicado — e essa simplificação permite afrontar a imensidão e a rapidez da mudança —, mas esse esquema consonava perfeitamente com a fé em uma capacidade de ação política e de transformação ilimitada do social. Assim, sem dúvida Barruel dividiu com os jacobinos muito mais do que ele poderia desejar...

A OBSESSÃO DOS CRIPTO-JESUÍTAS

Augustin Barruel e os *Illuminati* caíram num jogo de espelho — complô contra complô. Esse mimetismo revelou pelo menos duas coisas:

- Primeiro, que os jesuítas podiam ser defendidos pelos adeptos do absolutismo! A partir daí, eram sobretudo alvo dos liberais, sem que isso fosse exclusivo.
- Outra mudança radical. Entre os séculos XVIII e XIX, a temática do mito jesuíta mudou. No século XVIII, se resumia mais a conspirações circunscritas do que a um complô geral. As conspirações sob o Antigo regime se referiam na realidade a uma ação limitada, imputada às intrigas de governo ou a circunstâncias específicas e locais. Após a revolução, as intrigas jesuítas não eram mais vinculadas a momentos ou a lugares particulares; se transformaram em um só e único complô. A ação dos jesuítas, mais que anteriormente, foi compreendida como o fruto de uma vontade coletiva no interior da qual os indivíduos não passavam de um instrumento. Portanto, o complô não ficou paralisado; teve continuidade, se alimentando de novos acontecimentos passados que até então não eram relacionados aos jesuítas; resumindo, tornou-se global.

Com a revolução, passou-se da conspiração para o complô. Nessa mutação, o terror, com sua lógica da suspeita generalizada, desempenhou um papel primordial, tendo como pano de fundo o medo do jesuíta, que era alimentado pela rapidez da sequência extinção/sobrevida na clandestinidade/restauração da Companhia. Tudo aconteceu como se o jesuíta mítico suplantasse o jesuíta real. Sob a restauração na França, suspeitar de alguém que fosse um jesuíta era um dispositivo de escolha: "Sr. Franchet, diretor-geral de polícia, não é um jesuíta? E o senhor Delaveau, o prefeito? E o senhor diretor-geral dos correios, não é também um jesuíta"[3]? Todas essas interrogações eram passíveis de serem lidas em novembro de 1827 no diário *Le Constitutionnel,* o mais vendido naquela época na França. Nos panfletos e libelos, quanto menos denúncias *ad personam,* mais tornava-se dominante a obsessão dos cripto-jesuítas. A ideia do "jesuíta eterno" se consolidou, e não era mais o "jesuíta com veste longa" que era temido, mas o "jesuíta de veste curta". O mito jesuíta se tornou a ação de um grupo secreto cujos membros obedeciam a motivações mais coletivas do que pessoais. De uma crítica concentrada nos conspiradores passa-se a ataques contra todo um sistema. Essa globalização explica a possibilidade de que o antijesuitismo tenha reunido alianças heteróclitas: herdeiros do jansenismo, monarquistas galicanos, nostálgicos do Império ou da Revolução, camponeses, burgueses, compradores de bens nacionais etc.

Suspeitos de fomentar um complô global, os jesuítas viam consequentemente seus inimigos aumentarem em grande número. No entanto, como demonstrado por Augustin Barruel, todos os outros complôs foram pensados segundo o modelo do mito jesuíta; por isso mesmo, este se encontrava na origem dos complôs modernos, como se o complô jesuíta tivesse se aprimorado e, portanto, se proliferado por todo o corpo social.

---

3. Citado por M. Cubitt, *The Jesuit Myth,* 223.

O ANTIJESUITISMO: UMA PAIXÃO POPULAR FRANCESA

Sem dúvida, o mito jesuíta foi um modelo para a sociedade secreta na França do início do século XIX que serviu de laboratório mundial para a revolução em Paris, onde eram elaboradas as fórmulas revolucionárias do futuro, onde se encontravam os exilados do mundo inteiro, onde os complôs e os contracomplôs se entremeavam em uma rede extricável[4].

Restabelecida apenas em 1814, a Companhia fascinava, e seu mito servia de espelho para todos aqueles que esperavam um pouco de ordem neste mundo caótico, no qual tudo mudava muito rapidamente. A partir dessa data, as publicações antijesuítas se acumularam: libelos, livros, canções, caricaturas. Até os anos 1860, a produção era intensa, com picos, como nos anos 1824-1828, em seguida na primeira metade dos anos 1840.

A partir de 1814, Mathurin Tabaraud abriu as hostilidades com o livro *Du pape et des jésuites* [*Sobre o papa e os jesuítas*]. Emigrado durante a Revolução, esse padre refratário servira durante um tempo ao Império. Agraciado por Luís XVIII tornado censor real, ele julgou-se capaz de denunciar o restabelecimento dos jesuítas — cúmplices, segundo ele, dos filósofos que alimentaram a Revolução — pelo papa Pio VII, já culpado por ter assinado a Concordata de 1804 e, portanto, de estar comprometido com as ideias republicanas. A restauração e o reinado calamitoso de Carlos X assistem à ressurgência do antijesuitismo, que se traduz principalmente pela reedição dos mais famosos textos no assunto, de Étienne Pasquier até *Monita secreta*, das *Provinciais* até *Tartuffe*. Embora houvesse apenas por volta de quinhentos

---

4. Michel Leroy, "Mythe religion et politique: La 'Légende noire' des Jésuites", in *Lusitania sacra*, tomo XII, 2000, 376. Os trabalhos de M. Leroy sobre o mito jesuíta na França inspiraram as linhas que se seguem.

na França, os jesuítas concentraram toda a descarga anticlerical. Eram acusados de manipular o rei, aliás muitas vezes caricaturado como um jesuíta, e de ser igualmente responsáveis pela crise econômica em razão da alta do preço do trigo. No entanto, embora Stendhal tenha observado que os jesuítas "eram virtualmente reis da França[5]", lastimava do mesmo modo a facilidade da acusação: "Hoje em dia, daria para acreditar que o gênio da nação nada mais tinha a fazer além de ridicularizar os jesuítas e mandar dizer diretamente à família real que deveria esperar logo uma partida do tipo daquela empreendida por Jacques II. Quando percorro os catálogos semanais dos livros publicados na França, não encontro nenhum que valha a pena ser citado e que não tenha alguma relação com os jesuítas ou com a política"[6].

A Companhia era sobretudo indiretamente denunciada por intermédio da "Congregação", confraria laica fundada em 1801, extinta em 1809 e reconstituída em 1814 por P. Pierre Ronsin, um jesuíta. Rapidamente, essa confraria, essencialmente voltada para a meditação e para o serviço dos doentes, se espalhou em filiais pela província. Seus membros foram mantidos em segredo, como eram mantidos os componentes das associações secretas da *Aa*, criadas por um jesuíta do século XVII para garantir as intenções piedosas de seus seguidores. Esse modo de proceder não deixava de lançar certa suspeita sobre a própria Companhia... Em 1830, no livro *Histoire de France depuis la restauration* [*História da França a partir da restauração*], Charles de Lacretelle transformou a Congregação no exército secreto dos jesuítas: "Há mais de dez anos, existia na França uma vasta e poderosa sociedade que contava com os jesuítas como chefes espirituais, e sobretudo

---
5. *Courier anglais*, V, Martineau, 1935, 176.
6. Citado por M. Leroy, *Le mythe jésuite*, 20.

chefes políticos; estou falando da Congregação"[7]. Balzac expõe o poder da Congregação em seu livro *Le curé de Tours* [*O vigário de Tours*], e em Stendhal, o padre Castagnède, na obra *O vermelho e o negro*, é o chefe da polícia da Congregação.

As suspeitas eram ainda alimentadas pela Sociedade dos Cavaleiros da Fé. Criada em 1810 pelo conde Ferdinand de Bertier de Sauvigny, reunia os aristocratas inimigos implacáveis da Carta, que trabalhavam por uma monarquia cristã. A maioria fazia parte dos membros da Congregação, e eles se serviam dela como um escudo, o que aumentava as suspeitas do poder da Congregação. É preciso dizer que Bertier de Sauvigny entrou numa associação maçônica para compreender o funcionamento, e aconselhado pelo... padre Barruel. Philippe Buonarotti fez a mesma coisa para criar a Charbonnerie, posta em prática para, entre outras ações, lutar contra a influência da Congregação... Prova de que algumas vezes os mitos complotistas se revelam verdadeiros complôs: inimigos invisíveis, eles mobilizavam forças políticas, muitas vezes, organizadas sobre o modelo fantasista da Companhia de Jesus.

A força do mito jesuíta consistia, portanto, em reunir contra si partidos diversos: liberais, socialistas e também monarquistas galicanos. É o caso do conde de Montlosier, que em 1827 criou o conceito de "partido padre" por ocasião de seu polêmico *Les jésuites, les Congrégations et le parti prêtre* [*Os jesuítas, as congregações e o partido padre*]. Entre muitas outras afirmações bizarras, lemos: "No meio de uma associação chamada de São José, todos os operários estão hoje em dia regulamentados e disciplinados. Em cada bairro existe uma espécie de centurião... o general comandante é o padre Lowenbrock, jesuíta dissimulado". Ou ainda: "Geralmente acredita-se que foi por meio do ensino que a

---

7. Idem, 37.

sociedade dos jesuítas chegou a obter grande importância; sem dúvida, o ensino contribuiu para isso, mas é muito mais pelo sistema particular de afiliações, que pode ser compartilhado com outros organismos religiosos; porém nenhum outro chegou a esse ponto de perfeição desde Pitágoras, cuja dominação abrangia o Oriente, até os tempos modernos, em que simples mendigos encontraram o meio não somente de se apossar da Europa, mas também de levar além-mar o jugo às vezes florescente, às vezes sangrento de sua dominação[8]".

A partir de 1826, observa Michel Leroy, o antijesuitismo se tornou uma paixão popular, deixando as elites — parlamentares, galicanas, jansenistas etc. — em que tinha se confinado até então, pelo menos na França, ao contrário da Alemanha do século XVI e de Portugal do século XVIII: protestou-se contra os membros da Companhia, *Tartufo* era sempre encenado no teatro, as *Monita secreta* foram reeditadas doze vezes! O slogan "Abaixo os jesuítas!" veio pontuar toda manifestação antigovernamental. O bestiário se desenvolveu, associando os jesuítas a três tipos de animais: 1. os animais predadores, como o lobo, a raposa, às vezes, o leão e o tigre; 2. os répteis, sobretudo a cobra e o camaleão; 3. os insetos e os aracnídeos. Na França, algumas instituições jesuítas, como o noviciado de Saint-Acheul, e sobretudo o de Montrouge, em Paris, eram tão emblemáticos que suas plantas eram reproduzidas nas caixas de cigarro e nas embalagens de doces. O antijesuitismo como argumento comercial[9]!

Em 1830, embora os jesuítas tenham sido obrigados a fechar seus estabelecimentos de ensino, e a maioria a abandonar a França, o ódio continuava vivo e explodiu por ocasião da revolução anticlerical de 1830. Multidões furiosas sitiaram residências

---

8. Comte de Montlosier, *Les jésuites, les Congrégations et le parti prêtre*, 121.
9. Relatado por M. Leroy, op. cit., 53.

e colégios da Companhia. Em 28 de julho, o noviciado de Montrouge foi saqueado, o de Saint-Acheul, sitiado no dia seguinte, assim como moradias das comunidades em Lyon, Dôle, Laval, Bordeaux, Clermont-Ferrand... A agitação popular durou alguns meses. Em janeiro de 1831, ainda, um sujeito quase foi jogado no rio Sena aos gritos: "No Sena, o jesuíta! Na água, o jesuíta!". Mais uma vez, o movimento pareceu ganhar toda a Europa. Em 1830, um jornal de Leipzig, *Des canonische Wachter*, lançou uma campanha contra a Companhia, acusando-a de ter preparado o assassinato de um pregador protestante. Em 1834, quando a cólera atingiu a Espanha, os jesuítas foram acusados de ter envenenado os poços: o Colégio Imperial, em Madri, foi tomado de assalto, e catorze de seus membros foram assassinados pela multidão furiosa. A presença dos jesuítas em terra ibérica foi das mais agitadas: de volta em 1815, foram expulsos em 1820, antes de voltarem em 1823 para ser de novo e provisoriamente expulsos em 1830. Em Portugal, os jesuítas voltaram em 1829 e foram exilados cinco anos depois.

NA MÚSICA E NO ROMANCE

Nessa época, as formas empregadas pelo antijesuitismo foram bem variadas: os textos fundadores foram reeditados, enriquecidos de toda espécie de anexos e prefácios; as obras históricas, os romances de qualidade média, como os de Dinocourt ou Mortonval, agora esquecidos, mas também os de Balzac e de Eugène Sue; a sátira, finalmente, tendo como autor principal Pierre-Jean de Béranger, o mais ilustre cancioneiro francês do século XIX. Béranger e Balzac merecem uma análise[10].

---

10. Para o primeiro, remetemos a René Rémond; para o segundo, a Michel Leroy.

A mais famosa canção de Béranger data de 1819 e se intitula sobriamente "Os reverendos padres":

> Homens de preto, de onde vocês saíram?
> Nós saímos de debaixo da terra.
> Metade raposas, metade lobos,
> Nossa regra é um mistério
> Nós somos filhos de Loyola.
> Vocês sabem por que nos exilaram.
> Nós voltamos; fiquem calados!
> E que seus filhos sigam nossas lições.

Tudo foi dito, e com que eficácia! O bestiário: lobo e raposa, os jesuítas sendo ao mesmo tempo uma matilha e franco-atiradores. Fortes e astutos, animais da noite. A ação clandestina: a obscuridade e o mistério que os caracterizavam estavam ligados ao pertencimento deles a outro mundo. Finalmente, cada jesuíta era o organismo inteiro, completamente submisso e absorvido. O sucesso da canção foi fulgurante. Depois de ter circulado clandestinamente, surgiu como muitas outras em outubro de 1821. Em oito dias, 10 mil exemplares foram vendidos à saída de bares, que já existiam em profusão em Paris.

Se na *Comédia humana* de Balzac há poucos jesuítas, um grande lugar foi reservado ao complô que presumidamente tramaram. A obra é bem reveladora da nova dimensão tomada pelo mito jesuíta no início do século XIX. Na *Histoire impartiale des jésuites* [*História imparcial dos jesuítas*] (de 1824), uma obra encomendada pelo editor Horace Raisson, destinada a responder às obras antijesuítas, é surpreendente ver Balzac considerar a Companhia apenas pelo aspecto político. Como comprova seu retrato do fundador: "Inácio, abrangendo pelo pensamento todos os governos da Terra, fora forçado a criar uma ordem que, como uma verdadeira república, teve suas leis, seu líder, seus administradores, sua evolução, sua polícia, seu governo".

Balzac certamente pensou na Companhia ao imaginar a poderosa organização secreta da *Histoire des Treize* [*História dos Treze*]: "Treze homens igualmente assolados pelo mesmo sentimento, todos dotados de grande energia quanto à fidelidade ao mesmo pensamento, bastante probos para não se traírem, mesmo se seus interesses fossem opostos, intensamente políticos para dissimular os vínculos sagrados que os uniam, muito fortes para se colocarem acima de todas as leis, bastante audaciosos para tudo tentar e bastante felizes por quase sempre alcançar seus objetivos". Os jesuítas representavam a nova política, expressavam o espírito, a sombria possibilidade. Foi a mesma coisa, num grau superior, com Stendhal, em que a Congregação encarnava o poder político contemporâneo no livro *O vermelho e o negro*, mas também no livro *Lucien Leuwen*.

De fato, a polêmica antijesuíta ganhava uma dimensão política cada vez mais exclusiva. O padre (e ex-noviço jesuíta) Martial Marcet de La Roche-Arnaud publicou uma série de livros antijesuítas, entre eles, *Les jésuites modernes ou Les mémoires d'um jeune jésuite ou conjuration du Mont-Rouge* [*Os jesuítas modernos ou As memórias de um jovem jesuíta ou conjuração do Montrouge*], ambos surgidos em 1826. Ao transformar o noviciado de Montrouge em quartel-general de uma conspiração mundial, ligada às Tulherias por um subterrâneo secreto, ele retomou uma acusação recorrente da polêmica anticlerical que via os jesuítas atravessar as galerias sob Paris[11]. O padre Marcet fez assim o retrato do P. Gury, superior do noviciado:

---

11. Mais tarde, os judeus também foram acusados de financiar o metrô parisiense para fins completamente obscuros.

Se há algo estranho na nação francesa, é seguramente a casa do Montrouge. Ao mesmo tempo que um rei da França não pode encontrar em seu reino e em seu palácio homens sinceramente dedicados, ele é o homem mais próximo do palácio dos Bourbons, próximo da capital dos franceses e no seio da nação mais generosa e mais civilizada, ele é um homem sem armas, sem poder, sem dinheiro, sem dignidade, sem reputação, sem glória, que governa do seu modo homens que vão expandir seu império por todas as províncias. Sua vontade, mesmo um único olhar, pode mover mil braços armados de punhais para assassinar os príncipes e destruir os impérios. Há dez anos, as províncias são tomadas por temidos escravos, e todos os dias coisas mais terríveis saem de suas mãos [...]. A única religião que têm é a louca e singular ambição de transformar o mundo inteiro em um único império, submisso às leis de seu comandante; Roma seria a capital desse reino quimérico[12].

Por conseguinte, o mito jesuíta é um mito do poder secreto, e só ele pode explicar os acontecimentos, os imprevistos da história, que *na verdade* não são. Essa é a lógica do complô, inverificável, logo credível. A "empresa" jesuíta agia como um corpo com sua própria dinâmica, porém dirigida pela mão de ferro de um único homem. Em seu livro *Précis de l'Histoire des Jésuites* (1820) [*Compêndio da História dos Jesuítas*], G.-J. Charvillac assim descreve Inácio de Loyola e seus herdeiros: "Um general mantendo o lugar de Deus é o chefe supremo dessa ordem; é um monarca que tem seus ministros, seu conselho, sua lista civil, seus governadores locais, suas províncias e seus funcionários. O poder que ele exerce é absoluto; posto acima das constituições, ele as muda e as substitui como bem entende"[13]. Esse "Geral"

---

12. Citado por R. Rémond, *L'anticléricarisme em France*, 88.
13. Citado por M. Leroy, *Le mythe jésuite*, 122.

não tem nome, ele fica completamente reduzido à sua função, ela própria emanação do corpo.

Com a transição para o complô, termina a secularização do mito jesuíta. A dimensão eclesiástica se retrai para trás da dimensão política. Os jesuítas não são mais uma ameaça porque vêm de Roma. Não são mais ameaçadores porque encarnam uma concepção da organização peculiar da Igreja, uma relação entre o poder temporal e o poder espiritual diferente daquele defendido pelos meios galicanos ou protestantes. Os jesuítas se tornam um perigo político por eles mesmos, uma ameaça propriamente secular e autônoma. Essa evolução é importante, porque se trata de uma simplificação típica do imaginário complotista: uma única instância deve presidir toda a ação política e social; essa instância não deve ser imediatamente visível, não deve deter poderes reconhecidos. A derradeira politização do mito jesuíta não significa que toda a dimensão religiosa tenha desaparecido. Ao contrário, parece mais intensa que nunca à medida que o mito é interiorizado. Na realidade, cabe agora ao antijesuitismo defender uma certa concepção do cristianismo e do humanismo, de preservar a pureza da alma moderna da falsa religiosidade que seria veiculada para fins unicamente temporais pelos jesuítas.

IV

OS JESUÍTAS CONTRA A LIBERDADE DOS POVOS

(1840-1880)

Na França, nos anos 1840, o conflito voltou à tona por ocasião da batalha para o ensino laico. Como no século XVI, o ensino era o ponto de partida da polêmica. A questão não era mais a independência da Igreja da França ou da Sorbonne, muito menos da nação inteira! O debate recaiu sobre o que os jesuítas representavam no âmbito político e moral. Os historiadores Jules Michelet (1798-1874) e Edgar Quinet (1803-1875) deram o alarme.

MICHELET E QUINET OU O ANTIJESUITISMO IDEALISTA

Em 1843, Jules Michelet, então no auge de sua glória, e Edgar Quinet ministraram alternadamente um curso sobre os jesuítas no Collège de France. Seguidas com entusiasmo, as aulas tiveram uma grande afluência e foram objeto de uma campanha da imprensa nacional. Amplamente criticadas pela imprensa católica, foram aduladas pela imprensa liberal, que enfatizava sobretudo o enfoque político. Publicadas imediatamente, essas aulas conheceram franco sucesso e foram traduzidas para o inglês, o alemão, o italiano e o holandês.

O primeiro, Jules Michelet, interpelou os jesuítas e alertou a França para que ficasse atenta:

> De onde você vem? Por onde você passou? A sentinela da França não vigiou direito a fronteira à noite, porque não lhe viu. Pessoas que viajam à noite, eu as vi durante o dia; lembro-me disso muito bem, e daqueles que você levava: era em 1815; seu nome é... o estrangeiro. O grito de alarme foi dado... E quem ousará dizer que é muito cedo? O que somos diante dessas grandes forças? Uma voz e nada mais; uma voz para gritar à França... Ela está avisada agora, que ela faça o que bem entender. Ela vê e sente a rede em que se acreditava que ela estava adormecida[1].

Por conseguinte, segundo Michelet, os próprios fundamentos do espírito de um povo estariam em jogo. Na França só existem "dois partidos: espírito de vida e espírito de morte", e os jesuítas representariam o segundo — "Estudem os livros dos jesuítas, vocês encontrarão ali apenas um sentido; a morte da liberdade". Ameaça para a França, eles são também um perigo para a fé nesses tempos de romantismo e de cristianismo evangélico: "Nessa luta que queremos despertar de qualquer jeito entre o ultramontanismo e a revolução francesa, por que o primeiro é sempre e necessariamente vencido? Porque a revolução francesa, dentro de seu princípio, é mais verdadeiramente cristã que o ultramontanismo, porque o sentimento da religião universal está agora mais na França que em Roma". Portanto, os jesuítas seriam os representantes do ultramontanismo, doutrina eclesiástica favorável à primazia espiritual e jurisdicional do papa sobre o poder político, e em particular sobre a nomeação de bispos. Vê-se bem como Michelet faz dos jesuítas inimigos da liberdade, da vida espiritual, da verdadeira religião.

---

1. J. Michelet e E. Quinet, *Des jésuites*, para essa citação e as seguintes.

Quanto a Edgar Quinet, ele opõe o "jesuitismo" à mentalidade da época, voltada para o progresso e para a vitalidade. Os jesuítas seriam responsáveis pelo declínio da Europa meridional, na medida em que defendiam uma Igreja que fosse um Estado dentro do Estado, sem apego nacional. Isso só é possível porque desde a origem "estabeleceram uma Igreja dentro da Igreja. Ao excluir qualquer esperança aos seus fora da Companhia, [Inácio de Loyola] sabe que provocaria neles uma infinita ambição pela autoridade da Ordem". Segundo Quinet, o jesuitismo é absolutamente contrário aos fundamentos do Estado moderno, tanto por sua recusa da liberdade quanto por seu internacionalismo. A figura do grande inquisidor já é latente nas páginas de Quinet: "Depois de ter tentado arruinar no século XVI a realeza pela autoridade dos povos, no século XIX quiseram arruinar os povos pela autoridade dos reis. Não é mais o príncipe que se quer apunhalar; então, quem é? A opinião". Ainda por cima, a Ordem Jesuíta prejudica qualquer regime político: "Situada numa monarquia, mina-a em nome da democracia; reciprocamente, ela mina a democracia em nome da monarquia". Seu único objetivo seria estabelecer uma teocracia. Assim como Michelet, Quinet dá um aspecto religioso a seu discurso, opondo o Cristo a uma Igreja "jesuitificada". Constatamos que essa crítica nada tem a ver com as críticas dos séculos anteriores: desta vez, recai sobre a relação perversa com a autoridade, sobre a alienação da consciência individual.

Os dois historiadores emitiram os principais temas da polêmica antijesuíta que tiveram repercussões sobre o resto do século XIX. Polêmica, e raramente debate, já que as acusações são infundadas e desprovidas de qualquer argumentação sólida. Nenhuma crítica dos textos é proposta, as citações são truncadas e fora de seus contextos, como se tudo isso fosse bastante conhecido e não merecesse explicação. A passagem para a lógica do complô está agora consumida.

Os dois principais eixos dessa polêmica são os seguintes: 1. Os jesuítas seriam um perigo para o indivíduo moderno; 2. Os jesuítas seriam uma ameaça para a alma das novas nações. No decorrer de todo o século, essas duas ideias foram discutidas nas guerras culturais que dividiam os Estados europeus, e mesmo além dos oceanos, porque o antijesuitismo era compartilhado pelas elites liberais da América Latina e às vezes da América do Norte. Nessas *culture wars*[2], nas quais se opunham liberais e conservadores, jesuítas e franco-maçons, o anticlericalismo, postura frequentemente adotada, se concentrava no antiultramontanismo, e mais precisamente ainda no antijesuitismo; fenômeno pan-europeu, ainda que, de acordo com os países, o ritmo e a intensidade do antijesuitismo tenham sido diferentes. Como escreveu o jovem jesuíta Francesco Altini de Valência na Espanha, onde ele se refugiou em junho de 1880: "Depois de ter levado seis pontapés, em Verona, em Pádua, em Roma, em Tramin e em Brixen [no Tirol italiano, naquela época, austríaco], em Alleux [na França], espero pacientemente o sétimo...". Isto significa que entre 1814 e 1910 os jesuítas foram expulsos, reinstalados, considerados fora da lei, extintos e restaurados dezenas de vezes somente na Europa! Essa instabilidade, e a diáspora dos companheiros que ela provocou, só serviram para manter o mito de uma Companhia clandestina, onipresente, tentacular. Com o passar do século, cada vez mais os panfletos e as caricaturas privilegiaram, no bestiário antijesuíta, os animais que remetiam à imagem de malha, quer se tratasse de aranhas, polvos ou lobos. Irromperam também os termos evocando as doenças contagiosas: "a lepra

---

2. Ver Christopher Clark e Wolfram Kraiser, *Culture wars: secular-catholic conflict in nineteenth-century Europe*, Cambridge University Press, 2003.

jesuíta", "a gangrena moral", "a peste pública"... Tantas metáforas para traduzir o fantasma de uma ameaça íntima e crescente: parece impossível escapar do espírito jesuíta.

A antijesuitismo mobiliza contra o autoritarismo, a tradição e o cosmopolitismo. O jesuíta, ou melhor, o "jesuitismo" — porque não é absolutamente preciso ser jesuíta para veicular o espírito da morte —, está presente como o inimigo da liberdade dos povos, ou, para parafrasear uma bela fórmula de Michel Leroy: "O jesuitismo é uma metáfora da morte dos povos"[3].

O JESUÍTA: UMA AMEAÇA AO INDIVÍDUO

Para compreender bem o grande medo do século XIX a respeito da Companhia de Jesus, é preciso reler o romance *Le juif errant* [*O judeu errante*] (1844-1845), de Eugène Sue. Ele faz um retrato impressionante de P. Rondin, considerando seu trabalho de formação de jovens jesuítas, e descreve o processo de "mecanização", denunciado igualmente por Michelet, provocado pela formação jesuíta:

> Estou sempre tomado por uma sensação de admiração quase assustadora ao pensar que, antes de nos pertencer, o homem pensa, vê, crê, age à sua maneira... e, assim que está conosco, em poucos meses só resta o invólucro dele: inteligência, espírito, razão, consciência, livre-arbítrio, tudo nele está paralisado, dissecado, atrofiado pelo poder silencioso e terrível, pela prática de exercícios misteriosos que rompem e matam tudo o que há de livre e de espontâneo no pensamento humano. Então, a esses corpos privados de alma, mudos, abatidos, frios, insuflamos o espírito de

---

3. M. Leroy, *Le mythe jésuite*, 116.

nossa Ordem; imediatamente, os cadáveres andam, veem, agem, executam mecanicamente a vontade, da qual ignoram os desígnios, assim como a mão executa as tarefas mais difíceis sem conhecer, sem compreender o pensamento que a dirige[4]...

Na visão de Eugène Sue, o jesuitismo representa, portanto, a submissão absoluta do indivíduo a uma autoridade, uma alienação que acarreta uma dessecação interior e a perda de sua humanidade. Para os liberais, não se trata de uma simples questão de direitos, mas de vida, de regeneração e da plenitude do indivíduo — valores preconizados pelo liberalismo da primeira metade do século XIX com uma boa dose de romantismo!

É nesse plano que temos de situar a luta dos liberais contra o ultramontanismo do qual o antijesuitismo é a ponta. Na França, a disputa ultramontana foi a princípio uma questão religiosa, a da independência da Igreja da França. Quando esse aspecto começou a desaparecer aos poucos — ainda mais porque os católicos franceses e mais amplamente os europeus tornaram-se ultramontanos, como assinalou a diminuição da quantidade de publicações antijesuítas oriundas de católicos —, a disputa adquiriu uma dimensão política e moral. Para os liberais, o ultramontanismo simbolizou o autoritarismo e o obscurantismo, a superstição e a hierarquia sem alma, ou seja, a regressão do progresso moral. O dogma da Imaculada Conceição em 1854, a encíclica *Quanta cura* e o *Syllabus* que a acompanhou em 1864, o dogma da infalibilidade pontifícia proclamado no concílio Vaticano I em 1870 são algumas das decisões que demonstrariam a radical incompatibilidade da Igreja Católica com a modernidade. Também o *Syllabus* apresenta uma coletânea de propostas condenadas pelo papa, inclusive esta: "O pontífice romano pode e

---

4. *Le juif errant*, Laffont, 1983, 123.

deve se reconciliar e transigir com o progresso, o liberalismo e a civilização moderna". Quando se conhece o papel real desempenhado por vários jesuítas na elaboração dessas três medidas, o ódio dos liberais passa a ser compreensível. No entanto, não são os únicos a considerar que os jesuítas representam a antítese da política moderna. Em 1845, no livro *Le jésuitisme vaincu et anéanti par le socialisme* [O jesuitismo vencido e aniquilado pelo socialismo], o socialista utópico Théodore Dézamy (1808-1850) — que Marx lembrará como um dos pioneiros do comunismo — conclamou a união permanente contra os jesuítas, sobretudo para liberar o mundo de sua dominação[5].

Nessa época, a luta tomou muitas vezes a forma de um confronto entre franco-maçons e jesuítas. Em muitos países europeus, mito maçônico e mito jesuíta se opuseram de fato ponto por ponto: mesmas acusações, mesmo vocabulário, mesmo imaginário. O jesuíta é considerado o contratipo do franco-maçom. Cada um deles cristaliza a seu modo os medos vividos pelo nacionalismo. Porém, depois do atentado contra Afonso XIII em maio de 1906, perpetrado por um anarquista, lê-se nas colunas do *La Lanterne*: "O jovem rei da Espanha foi formado, educado e instruído pelos jesuítas [o que é errado], mas ele errou ao mostrar disposições liberais desde sua chegada ao trono. Seu casamento com uma protestante é um sinal da independência de seu caráter. A partir daí, pode-se perguntar aos jesuítas espanhóis se o partido clerical deles, do qual a intransigência e a ferocidade são conhecidas, tenham pensado em punir o jovem rei por suas tendências liberais, ou pelo menos fazê-lo reagir"[6]. Na Alemanha, o *Die Protestanteverein*, um movimento que tinha o objetivo de confederar todas as Igrejas protestantes germânicas,

---

5. Ver M. Leroy, *Le mythe jéuite*, 105.
6. Citado por Alexandre Brou, *Les jésuites de la legende*, 267.

fundado em 1863 pelo jurista Johann Caspar Bluntschli, considerava o ultramontanismo essencialmente contrário à cultura (*Kultur*), à medida que os jesuítas, "inimigos do progresso humano", constituíam o principal obstáculo à unidade alemã.

Na América Latina, a filosofia dominante junto às classes dirigentes era o positivismo, movimento em que o pensamento de Augusto Comte [que inspirou a divisa do Brasil, "Ordem e progresso"] se mesclou com os pensamentos não menos deterministas do sociólogo Gustave Le Bon e do filósofo Herbert Spencer. A crença dos países latino-americanos nos avanços da ciência para criar uma sociedade moderna os levou a expulsar, por sua vez, os jesuítas. Começando em 1850 por Granada [Colômbia], depois pelo Equador e pelo Peru, onde foram acusados de traição por ambas as partes durante a guerra entre os dois países, em 1858; do México, onde os juaristas em 1873 os acusaram de conspiração; da Argentina, onde em 1875 o colégio jesuíta do Salvador foi tomado de assalto pelos franco-maçons; da Nicarágua em 1881 etc. Que tenha sido instrumentalizado pelos governos ou movido por uma profunda convicção, o antijesuitismo tornou-se a concentração dos "amigos da liberdade". No entanto é surpreendente constatar que, se no final das contas os governos liberais foram mais tolerantes com as ordens religiosas masculinas, sempre abriram uma exceção para os jesuítas, que foram regularmente submetidos a muitas pressões políticas. Portanto, não era uma questão antes de tudo religiosa, mas realmente política e cultural.

Entre os liberais da América Latina ou da Europa, encontramos a mesma crítica feita aos jesuítas: a intrusão na vida privada. O papel deles de confessores, a influência sobre as mulheres (é o momento em que a prática católica se feminiza fortemente) e sobre a juventude em seus colégios alimentaram a suspeita de que se apossaram do livre exercício da consciência, veiculando uma antiga concepção da sociedade desprovida de espaço privado. Por isso, os jesuítas eram acusados de ser "antissociais". A concepção da sociedade surgida na metade do século XIX supunha uma separação entre o privado e o público por meio da defesa intransigente do fórum interior diante da sociedade compreendida como um conjunto de forças organizadoras à medida que estas eram limitadas. Na ausência disso, as forças sociais se tornaram manipuladoras e tenderam para o despotismo, isto é, para a *ausência* de sistema político. Já que, como dizem, eles não respeitaram essa separação e agiram em nome de interesses coletivos da esfera privada, os jesuítas impediram a construção das sociedades modernas.

O MEDO DO COSMOPOLITISMO

Se os jesuítas representavam a subjugação do indivíduo, também eram vistos como uma ameaça à nação. Charles de Montalembert, jornalista e parlamentar francês, arauto da liberdade religiosa, constatou que a partir dos anos 1830 as críticas em torno dos jesuítas eram dirigidas menos à moral laxista ou à defesa por parte deles do regicídio do que a seu espírito antinacional e ao seu ultramontanismo assimilados a um universalismo perverso.

Em torno de 1848, antes da explosão nacionalista chamada de "primavera dos povos", a paixão popular antijesuíta atravessou toda a Europa: os nacionalistas alemães, os radicais suíços, os ativistas do *Risorgimento* na Itália. Em 1847, Vincente Gioberti, padre piemontês refugiado na Bélgica, publicou um panfleto monstro de 2.837 páginas, *Il Gesuita moderno*. Teve tanto sucesso que, no ano seguinte, aos gritos de *"Viva Gioberti, il filosofo Christiano!"*, os romanos, providos de pedras, se reuniram para exigir a expulsão dos jesuítas[7]. Na Suíça, no início da guerra civil do *Sonderbund* (1845-1847) — nome dado à Liga dos Cantões Católicos que recusavam a decisão do regime federal de extinguir as ordens religiosas —, havia uma oposição que lançava esses dois gritos: "Vivam os jesuítas!" e "Abaixo os jesuítas!". Na Alemanha em ebulição de 1848, muitos católicos chegavam a se unir com os protestantes contra os jesuítas. No mesmo ano, em Nápoles, uma multidão ameaçou massacrar os jesuítas caso não deixassem a cidade imediatamente; o governo austro-húngaro decretou a extinção da Companhia de Jesus. Por todos os lados era o amor da nação que suscitava o ódio do jesuíta em nome de seu cosmopolitismo, da sua falta de apego nacionalista.

Esse ódio não foi aplacado com a efêmera "primavera dos povos", mas continuou a se desenvolver durante todo o século XIX. A luta contra o ultramontanismo aqui tomou outra direção. Os jesuítas não somente aviltaram a consciência moderna, favorecendo o papa, como também minaram o sentimento nacional. Desde então, na maior parte dos países europeus, o antijesuitismo constituiu um meio eficaz para fortalecer o nacionalismo. Desse modo, a "questão jesuíta" acabou por se secularizar.

Em 1869, o primeiro-ministro britânico William E. Gladstone pensava que, em caso de vitória ultramontana, a vida política da Europa corria o risco de ser reconstruída sobre "o modelo maometano ou oriental". Em 1878, em um discurso pronunciado em Isère, Léon Gambetta afirmou que há "na história dos jesuítas uma coisa clara: os maus tempos para nosso país são tempos bons para os jesuítas". Em Portugal, as antigas teses do Marquês de Pombal sobre o enfraquecimento do Estado causado pela dominação jesuíta foram retomadas por autores modernistas da "Geração de 70", como Antero de Quental, Oliveira Martins, Eça

---

7. Citado por Alexandre Brou, *Les jésuites de la legende*, Retaux, 1907.

de Queiroz. A celebração do centenário de Pombal em 1882 permitiu relançar uma ampla campanha antijesuíta, reativada a partir de 1901, quando foi autorizado o retorno das ordens religiosas proibidas desde 1834. Os jesuítas são invariavelmente acusados da decadência portuguesa e considerados os principais obstáculos ao progresso da nação[8].

Na Alemanha, o *Nationalverein*, movimento liberal militante para a unificação do país em torno da Prússia, enviou nos anos 1860 uma série de moções ao *Reichstag* para obter a condenação do ultramontanismo[9]. Em 1872, ano seguinte à proclamação do Império, o chanceler Bismarck lançou o *Kulturkampf* (combate em prol da cultura) contra a influência romana. Aproveitou a proclamação da infalibilidade pontifícia para lançar seus ataques contra os jesuítas e decretou sua expulsão em 1872 na qualidade de "inimigos do Império", por terem corrompido "a juventude alemã com um espírito antipatriótico e internacionalista". No *Reichstag*, o deputado liberal Eduard Windthorst (sobrinho de Ludwig Windthorst, fundador do *Zentrum*, o partido católico alemão sob o *Reich*) declarou que a maior barreira à integração do império alemão e ao seu sucesso econômico foi "a poluição universal e sufocante do espírito jesuíta". Em 1885, diante da mesma assembleia, e uma vez que o *Kulturkampf* terminara havia vários anos, Bismarck afirmou: "O perigo que a atividade dos jesuítas representa para a Alemanha, sua unidade e seu desenvolvimento nacional não diz respeito ao catolicismo dos jesuítas, mas à natureza internacional de sua estrutura, à sua denegação e sua recusa a qualquer vínculo nacional, e à destruição e subversão dos vínculos nacionais em todos os lugares em que se encontram. É o cosmopolitismo, a renúncia à pátria, que

---

8. E. Franco, *Le mythe jésuite au Portugal*, 559 ss.
9. Citado por Wolfram Kraiser em *Cultura wars...*, 63.

a Companhia de Jesus, mais que qualquer outra Ordem, sustenta por intermédio da educação da juventude"[10]. Já presente nos séculos XVI e XVIII, a noção de que os jesuítas ameaçavam a integridade e o progresso das nações agora constituía um lugar-comum. Não havia necessidade de reforçá-lo ou de prová-lo: os jesuítas eram uma antinomia por natureza que tornava necessária sua expulsão de toda a nação. Seu espírito universalista, seu apego particular ao Vaticano por meio do voto de obediência ao papa, e o caráter supranacional da Ordem desempenhavam um importante papel nessa tomada de consciência. Além disso, a escolha deles de transpor as fronteiras culturais, como o fez Matteo Ricci ao decidir nos anos 1580 "se transformar em chinês com os chineses", alimentou um pouco mais a suspeita: esses homens sem qualidade, esses "camaleões", não são confiáveis.

Que a Companhia de Jesus era uma ameaça para a nação e para a integridade de seus membros, não era novidade. Por um lado, o que era novo era o fato de que essa ameaça sobre a integridade individual se destinava a todo cidadão — porque agora a nação era vista como o terreno fértil em que se desenvolvia a individualidade —, e por outro, que essas duas ameaças estavam intimamente ligadas. Se a definição de nação e de indivíduo evoluiu radicalmente a partir de 1540, ou mesmo de 1773, as acusações contra aqueles que atentam contra sua integridade mudam de sentido por seu alcance: os jesuítas eram vistos desde então como ameaça global para a integridade do homem do século XIX, que se definia ao mesmo tempo por sua identidade nacional e seus direitos individuais. No entanto, são coisas em construção, frágeis, e esse psiquismo moderno vive num estado próximo da paranoia — aliás, diagnosticada e identificada em 1889 pelo psiquiatra alemão Emil Kraepelin. Desse

---

10. R. Healy, *The Jesuit Specter*, 127.

modo, o antijesuitismo saiu gradativamente da esfera religiosa durante o século XIX para se limitar à política. No entanto, tornando-se cada vez mais abstrata, a polêmica não se dirige mais a um indivíduo em específico, sequer a uma instituição ou uma atividade; ela se atém a um estado de espírito, a uma visão do mundo que inspira ódio e terror.

V
A ÉPOCA DOS METACOMPLÔS: O PAPA NEGRO
(1850-1940)

Para abordar este tema importante, na minha opinião, é preciso voltar um pouco atrás. De fato, foi a partir dos anos 1850 que as teorias do complô proliferaram na Europa, e no final do século XVIII foram acompanhadas pela ascensão de um ocultismo em diversas formas, do espiritismo à teosofia, passando por um orientalismo e um gosto pronunciado pelo primitivismo. Ficou estabelecida, então, a primeira globalização, com seu cortejo de crise, suas desigualdades sociais crescentes, o sentimento de impotência dos Estados, a corrupção, a defasagem entre o pouco poder dado ao povo e a intensa circulação da informação política... Terreno propício para a propagação de teorias de um complô mundial e global que podemos chamar de "metacomplô". Nesse contexto prosperaram os "complôs antimaçônicos" e "antissemitas" e também, muitas vezes esquecido, os "antijesuítas". Ao contrário dos complôs do início do século, esses se situavam em uma escala mundial e se alimentavam das teorias raciais. O "complô jesuíta" conheceu sua derradeira metamorfose com a figura do "papa negro".

A ÉPOCA DO PAPA NEGRO

As novas mutações do mito jesuíta foram, portanto, provocadas pelo ritmo crescente da secularização das sociedades europeias, concentrando-se sobre uma única figura, a do superior geral da Ordem, o "Geral", como é chamado, o "papa negro", como dizem seus adversários e alguns jornalistas. Papa *negro* por oposição ao papa todo vestido de *branco*. *Negro* por causa da cor da veste jesuíta, mas também para significar o aspecto obscuro do seu poder. De eminência parda, conselheiro dos poderosos, o jesuíta se tornou o papa negro, o poderoso acima dos poderosos.

P. RODIN NO LIVRO *O JUDEU ERRANTE*

Essa importante mutação do mito jesuíta ocorreu no momento da publicação, por Eugène Sue, do *Judeu errante* [*Juif errant*] (1844-1845) na forma de um romance-folhetim no jornal *Le Constitutionnel*. Com esse romance, a obsessão do jesuíta passou definitivamente para o imaginário. Nada mais de Congregação, nada mais de ir atrás das associações secretas, nem do monopólio universitário. A ficção substituindo a realidade, a tese do complô teve um êxito ainda maior. Em seu folhetim, Sue pinta a Companhia de Jesus como uma sociedade secreta, ávida pelo poder, que persegue uma família protestante protegida pelo judeu errante, o que permite reativar sutilmente as lembranças da questão Calas[1]. Uma grande parte do livro é dedicada à descri-

---

1. Em 1762, Jean Calas, protestante, comerciante em Toulouse, foi condenado à morte por ter matado seu filho, que, segundo dizem, pensava em se converter ao catolicismo. Convencido de sua inocência, Voltaire escreveu naquela ocasião o livro *Tratado sobre a tolerância*, o que provocou a revisão do processo e a reabilitação póstuma de Calas.

ção dos arcanos e das estruturas do "complô jesuíta". Com esse rigor histórico aparente, a ficção ganha em eficácia: "Ao ler nas regras da Ordem dos Jesuítas, com o título de *Formula scribendi* (*Institut.*, 2, II, 125-129), o desenvolvimento da oitava parte das Constituições, é espantosa a quantidade de relações, de registros, de textos de todos os gêneros, conservados nos arquivos da sociedade. É uma polícia infinitamente mais precisa e mais bem-informada que nunca existiu em qualquer outro Estado". O escritor descreve o escritório do P. Rodin instalado "no meio dessa rua solitária, relativamente desconhecida, situada abaixo do nível do qual Napoleão, [...] e existia uma casa de aparência modesta, no fundo de um pátio sombrio, estreito e isolado da rua por uma pequena construção de fachada, transpassada por uma porta arqueada e de dois caixilhos guarnecidos com espessas barras de ferro". Rodin está sentado em seu escritório, contemplando um "globo de larga escala onde se nota um monte de pequenas cruzes vermelhas espalhadas pelo mundo todo: de norte a sul, de leste a oeste, desde os países mais bárbaros, passando pelas ilhas mais longínquas, até as nações mais civilizadas, até a França, não havia nenhuma região que não estivesse marcada por essas pequenas cruzes vermelhas, servindo evidentemente de sinais indicadores ou de pontos de referência"[2].

P. Rodin era o secretário de um misterioso mestre que vinha sempre se juntar a ele. Eles examinaram uma correspondência que materializava essa rede na qual aprisionam o mundo:

– Dom Ramon Olivarès, de Cadix, acusa o recebimento da carta número 19; ele cumprirá o que está escrito e negará qualquer participação no sequestro.
– Bem, para ser arquivado...

---

2. *Le juif errant*, 99.

— O conde Romanof de Riga está numa posição embaraçosa...

— Peça para Duplessis enviar um dom de cinquenta libras; outrora, servi como capitão no regimento do conde, e desde então ele deu excelentes opiniões.

— Receberam na Filadélfia a última remessa de *Histórias da França* expurgadas para uso dos fiéis; renove o pedido, a primeira esgotou.

— Tome nota, e fale com Duplessis... Continue.

— O senhor Spindler enviou de Namur o relatório secreto solicitado sobre o senhor Ardouin.

— A ser analisado...

— O senhor Ardouin enviou da mesma cidade o relatório secreto solicitado sobre o senhor Spindler.

— A ser analisado...

— O doutor Van Ostadt, da mesma cidade, enviou uma nota confidencial sobre os senhores Spindler e Ardouin.

— Devemos comparar... Prossiga.

— O conde Malipieri, de Turin, anunciou que a doação de trezentos mil francos foi assinada.

— Prevenir Dupleiss... Em seguida?

— Dom Stanislas acaba de partir do balneário de Baden com a rainha Maria-Ernestina. Ele avisa que Sua Majestade receberá com gratidão os avisos anunciados, e os responderá de seu próprio punho.

— Tome nota... Eu mesmo escreverei à rainha.

Enquanto Rodin inseria algumas notas à margem do papel que segurava, seu mestre, continuando a passear de um lado para outro do quarto, se encontrou diante do grande mapa-múndi marcado por pequenas cruzes vermelhas; durante um instante, ele o observou com um ar pensativo.

Rodin continuou:

— Segundo o estado de espírito em algumas partes da Itália, onde alguns agitadores têm os olhos voltados para a França, o pai Orsini escreveu de Milão que seria muito importante espalhar abundantemente por esse país um livrinho no qual os franceses, nossos compatriotas, apareceriam como ímpios e pervertidos... saqueadores e sanguinários...

– A ideia é excelente, poderemos explorar habilmente os excessos cometidos pelos nossos na Itália durante as guerras da república... Será preciso pedir a Jacques Dumoulin para apresentar em pormenor esse livrinho. Esse homem é tomado pela bílis, pelo fel e pelo veneno; o panfleto será terrível... aliás, eu darei algumas notas; mas paguem Jacques Dumoulin... apenas após a entrega do manuscrito[3].

Eugène Sue ou a arte dos pontilhados... o que poderia ser um romance de espionagem antes do tempo – nós voltaremos a esse assunto –; ele faz um retrato impressionante do poder mundial dos jesuítas, de sua vontade de manipulação dos espíritos, da preocupação deles em colocar os povos uns contra os outros, do sistema de vigilância que instalam. O sucesso do folhetim foi considerável. *O judeu errante* desencadeou uma espionagem antijesuíta, uma "jesuitofobia", cujos sintomas foram descritos em 1844 de forma irônica pela séria *Gazette des hôpitaux*. Exilado na Suíça em 1851, Eugène Sue não abandonou essa vocação. No livro *Les Mystères du peuple* [*Os mistérios do povo*] (e suas sequências escritas por seu secretário, Vénisier), ele fez de Napoleão III um jesuíta que prometeu ao geral, o P. Roothaan (na realidade, o prepósito geral da Companhia), dominar o mundo por meio do capitalismo.

---

3. Ibid., 102.

OS IMITADORES DE EUGÈNE SUE

Eugène Sue suscitou também muitos imitadores[4]. Alexandre Dumas, no livro *Le Vicomte de Bragelonne* [*O visconde de Bragelonne*] (1848), transformou Aramis em geral jesuíta, fazendo e desfazendo dos reis. O famoso falsário Léo Taxil publicou os *Amores secretos de Pio IX* (1881), em que os jesuítas controlavam as paixões ocultas do papa... Segundo Léon Poliakov[5], a obra de Sue influenciou também fortemente Dostoiévski, que possuía sete coleções de suas obras completas! O romancista russo fez dos jesuítas a mola de ação do *Duplo*, redigiu uma nota de enciclopédia sobre eles e escreveu sobretudo a *Lenda do grande inquisidor*, considerada uma entre as mais influentes obras da literatura mundial. O capítulo dos *Irmãos Karamazov* encena um confronto imaginário entre um inquisidor espanhol do século XVII e Cristo. O inquisidor, um jesuíta, afirma que privar o povo de sua liberdade é um sacrifício necessário que ele assume, ainda que devesse colocar Cristo numa prisão.

Dostoiévski não é o único russo a se preocupar com a ameaça jesuíta. Já em 1858, o niilista Nicolai Tchernychevski — cujo romance *O que fazer?* tem um impacto decisivo sobre Lênin — explica como os jesuítas controlavam o episcopado e o Estado na França, ideia retomada por alguns de seus herdeiros, entre eles, o anarquista Bakunin, obcecado pelas sociedades secretas que imaginava estarem contra si ou que sonhava em criar. É surpreendente ver como na Rússia a crença em uma suposta organização secreta jesuíta pôde participar da criação de reais organizações secretas, terroristas, depois revolucionárias. Os conspiradores russos buscavam no imaginário da Companhia de Jesus

---

4. Ver as análises de M. Leroy, *Le mythe jésuite*, sobretudo a parte III.
5. *La casualité diabolique* [*A casualidade diabólica*], 59 ss.

a ideia de uma ordem secreta cujos membros eram dedicados de corpo e alma, entregues a uma total abnegação. O *Catéchisme révolutionnaire* [*O Catecismo revolucionário*] (1868) de Sergey Nechayev, por exemplo, verdadeiro guia de ação terrorista, lembra os *Monita secreta*.

Não somente a ficção se torna realidade, mas a cria. Desse ponto de vista, o romance-folhetim de Eugène Sue é profético... Ao se tornar romanesco, o mito perde toda a ligação com a realidade e toma proporções gigantescas. Os polemistas se interessavam cada vez menos por um jesuíta, ou uma circunstância política em especial, porém não deixavam de denunciar um sistema secreto e onipotente. "O jesuíta não é um único homem, ele é uma dezena, uma centena, um milhar, um milhão de homens graduados pela brutalidade e brutalizados pelo grau — é uma legião que está em toda parte e em lugar nenhum", é o que se lê na brochura portuguesa dos anos 1860, *Os Jesuítas*[6]. Quanto menos numerosos os jesuítas, mais o mito parece crescer...

Portanto, a ideia do papa negro estava em germe. Só faltava formulá-la. A primeira ocorrência explícita do geral dos jesuítas dataria da segunda metade do século XIX. Em 1865, entre vários libelos anônimos, Jean Hyppolite Michon, um enigmático "padre francês", publicou *Le jésuite*, em que atribuiu à multidão romana a exclamação "Viva o papa negro[7]!". Alguns anos mais tarde, os irmãos Goncourt, no livro *Madame Gervaisais* (1869), observaram: "Temos três papas em Roma; o Papa branco, que é nosso muito venerado santo padre, o papa negro, que é o geral dos jesuítas, e o papa vermelho, que é o monsenhor cardeal Antonelli". Em 1868, o *Neue Freie Presse*, jornal liberal de Viena,

---
6. Citado por E. Franco, *Le mythe jésuite au Portugal*, 520.
7. Ver o artigo de C. E. O'Neill, "Papa negro", em *Diccionario histórico de la Compañia de Jesús*.

explicou que os jesuítas "utilizam o papado para ascender a Companhia de Jesus à liderança dos povos e dos Estados do mundo" e que o único verdadeiro poder é o do "papa negro".

Na Alemanha, o papa negro é suspeito de dirigir toda a Igreja. A partir de 1870 e da proclamação da infalibilidade pontifícia, a afirmação que o papa é um instrumento nas mãos dos jesuítas é cada vez mais frequente. Durante 1870, as caricaturas antijesuítas proliferaram por toda a Europa: o jornal *Le Charivari* na França representou um jesuíta escrevendo a palavra "infalibilidade" em uma parede como se fosse um presságio; em Roma, a *Rana* apresentou o concílio como um carnaval organizado pelos jesuítas, que transformaram em especial o papa em palhaço; o *Berliner Wespen* mostrou um jesuíta guiando o soberano pontífice sobre o "gelo da infalibilidade"; o *Kladderadatsch* fez o retrato de um jesuíta transformado em serpente sussurrando aos ouvidos do papa... A acusação, como se constata, ia além do simples ultramontanismo, que em si já era "incompatível com os pilares de qualquer organização estatal moderna", de acordo com o pastor Eugen Eisele[8]. O historiador Hugo Koch afirma que um pacto foi assinado em 1870, enquanto os Estados pontifícios eram ameaçados, "entre o papado e a Ordem dos jesuítas, que fornecia ao papa a insígnia de um absolutismo completo no interior da Igreja e a aura da infalibilidade, e ao mesmo tempo entregava o papa nas mãos dos jesuítas e confirmava sua oposição irreconciliável com a totalidade do mundo moderno"[9]. Essa ideia teve grande repercussão do outro lado do Atlântico. Em 1890, o pastor metodista Oliver Murray publicou nos Estados Unidos *The Black Pope*, em que denunciou as manobras do geral contra as instituições americanas.

---

8. Citado por R. Healy, *The Jesuit Specter*, 127.
9. Ibid., 130.

Trata-se aí de uma inflexão decisiva. Até então, o superior geral dos jesuítas era considerado ou como indivíduo ou como membro eminente do sistema descrito pelas Constituições da Ordem. O desconhecimento da Companhia era tão grande nessa época que nem o nome do geral nem as Constituições revelavam alguma coisa. Logo, o mito se concretizou em torno de uma figura imaginária, a do "papa negro", que apareceu então como a expressão máxima do complô jesuíta, como sua substancialidade final. Constatamos aqui a distância entre as páginas de um Augustin Barruel e as de um Eugène Sue: enquanto o primeiro religou de modo fantasmagórico nomes, locais, eventos, para esboçar um complô que explicaria o encadeamento das coisas, o segundo descreveu um mundo paralelo, clandestino, como se se tratasse de um mundo real. O leitor fica livre para relacionar a isso acontecimentos e fatos reais. Desse modo, a partir de Eugène Sue, a lógica do complô é tão fixada no imaginário coletivo que qualquer um pode se tornar um Augustin Barruel. O "mito jesuíta" é um dos mais característicos metacomplôs do final do século XIX.

ANTIJESUITISMO E ANTISSEMITISMO

O avanço das teorias raciais é outro elemento que explica o aparecimento dos metacomplôs no final do século XIX. Nesse contexto, as semelhanças entre o antissemitismo e o antijesuitismo não são mais meros fatos literários. Na Constituição de 1814, com base no artigo 2, referente ao luteranismo como religião de Estado, a Noruega não infligia aos judeus e jesuítas a mesma proibição de residência? E depois da revisão desta Constituição, em 1906, somente os jesuítas ainda visados por essa proibição: permaneceram até 1956.

A comparação entre judeus e jesuítas é quase tão antiga quanto a Companhia. Em 1554, na defesa da Universidade de Paris, Étienne Pasquier afirmava que "havia entre a jesuitaria muita judiaria; até mesmo o modo como os antigos judeus haviam feito o processo de Nosso Senhor Jesus Cristo, assim faziam os novos judeus com os apóstolos". Os jesuítas sempre foram muito criticados por introduzir "o espírito rabínico" no catolicismo, especialmente pelo fato de muitos dos primeiros membros da Companhia de Jesus serem espanhóis, alguns de origem judaica, portanto, com uma fé supostamente "impura".

Os laços entre os jesuítas e os judeus se reforçaram no imaginário conspirativo, às vezes de modo contraditório. Sob o Primeiro Império, Augustin Barruel, sempre ocupado em desvendar o complô maçônico contra a Igreja Católica, recebeu uma carta de um certo capitão Simoni que reclamava do fato de ele nunca ter falado da "seita dos judeus", mais poderosa que todas as outras. Barruel dirigiu essa correspondência à polícia imperial e à do papa Pio VII, representando seu total acordo. Barruel é o legítimo autor dessa carta, ou foi a polícia imperial que fabricou uma falsa, atribuindo-a a Barruel para aproveitar de sua autoridade no assunto? A questão nunca foi esclarecida. As cartas foram publicadas em 1882 na *Civiltà Cattolica*, revista jesuíta e principal órgão de imprensa do Vaticano[10]. Mas a primeira comparação é ainda a de Eugène Sue no *Le juif errant*, em que P. Rodin atrapalhava muitas vezes o judeu Samuel em sua busca de justiça e de liberdade. No imaginário da época, as duas figuras, do judeu e do jesuíta, se encontravam ligadas no momento em que a questão das identidades raciais estava na ordem do dia.

---

10. Ver P.-A. Taguieff, *Les Protocoles des sages de Sion*, 158.

NO CONTEXTO NACIONALISTA E RACISTA

O terreno havia sido preparado por longas construções históricas, como as *Considérations sur l'histoire de France* (1834), de Augustin Thierry, considerado por Marx o "pai da historiografia das lutas de classes na França". O historiador francês conta a história de seu país como a de um conflito secular entre duas raças: a dos francos, vistos como tiranos, e a do povo gaulês — os jesuítas se mantinham ao lado dos francos. A partir dos anos 1860, essas oposições ficaram ainda mais raciais. Na Alemanha, os jesuítas eram apresentados como antigermânicos, contrários à *Kultur*. Hostis à liberdade, insinceros, surgiam, portanto, como um elemento subversivo à identidade germânica. Historiadores, principalmente os da "escola de Borússia", que faziam da unificação alemã uma necessidade histórica, se esforçavam em mostrar o antagonismo ancestral que havia entre a identidade germânica e os jesuítas. Porquanto irracional e imoral, a Companhia de Jesus constituiu um corpo estranho na nação alemã e, portanto, nefasto ao seu desenvolvimento. De acordo com os historiadores, ao criar uma divisão religiosa no país, a Companhia teria freado a unificação alemã. Em sua obra sobre a pedagogia jesuíta datada de 1898, Georg Mertz não hesitou em escrever: "Para a grande maioria dos alemães, o jesuitismo é o oposto da germanidade, do cristianismo e da humanidade"[11]. No início do século XX, a ideia ainda estava presente na Alemanha: um historiador católico como Hugo Koch, em *Katholizismus und Jesuitismus* (1913), afirmou que os jesuítas eram antigermânicos e chegou a dizer que "o jesuitismo era a destruição do indivíduo, porque, assim como os ciganos, eles não reconheciam nenhuma pátria, e rompiam todos os laços de amor com os parentes e com o povo". Aliás,

---

11. Ver R. Healy, *The Jesuit Specter*, capítulo 4.

essa tese é retomada por Philipp Funk, redator do jornal católico liberal *Das Neue Jahrhundert*, em seu livro *Ignatius von Loyola*, publicado em 1913 por uma editora protestante.

Ainda no início do século XX, mas desta vez em Portugal, antes de sua expulsão decidida pela Primeira República, os jesuítas foram submetidos a exames frenológicos. De fato, o psiquiatra Miguel Bombarda definiu a condição jesuíta como uma doença mental: "É preciso admitir a necessidade da predominância no resultado de um cérebro congenitamente degenerado. Penso que não é jesuíta quem quer: há cérebros predispostos para esse mal, assim como há certos fatos que levam ao crime ordinário, e como há os que possibilitam a loucura vulgar"[12]. Os jornais mostravam as fotografias desses jesuítas sendo examinados por psiquiatras medindo a dimensão de seus crânios... Essa forma de exame médico correspondia perfeitamente à biologização do pensamento que começava a ser difundida.

O "JUDEO-JESUITISMO"

À medida que o nacionalismo se tornava racista, os jesuítas surgiam não somente como antinacionais, mas como inaptos a qualquer filiação nacional, o que explicava o fato de terem sido comparados aos judeus. A esse respeito, o ensaísta alemão Ottomar Beta publicou em 1875 um ensaio com um título evocador: *Darwin, l'Allemagne et les juifs, ou le judéo-jesuitisme*. Primeira formulação sintética da fusão de dois complôs, o "judeo-jesuitismo[13]" anunciava os futuros "judeo-maçônico" (1882) e "judeo-bolchevista" (1917). Em 1888, o pastor Eufen Eisele, no

---

12. Citado por E. Franco, *Le mythe jésuite au Portugal*, 649.
13. R. Healy, *The Jesuit Specter*, 126.

livro *Jesuitismus und Katholizismus*[14], acusava os jesuítas de terem judaizado o cristianismo. O teórico do antissemitismo Houston Stewart Chamberlain pensa que os *Exercícios espirituais* são fruto de um espírito semítico. Em um ensaio de 1913 sobre Inácio de Loyola, o físico nacionalista Georg Lomer afirmou que a fisionomia dele o tornava definitivamente estranho ao mundo germânico, e não há dúvida de que ele tivesse "sangue judeu".

Muitas vezes os analistas assinalaram o paralelo entre os *Monita secreta* e *Os protocolos dos sábios de Sião*[15], falsificação que imaginava uma conspiração mundial dos judeus: mesma fobia do complô, mesma crítica de extremo maquiavelismo, mesma estratégia do falso documento de uso interno. O primeiro editor de *Os protocolos dos sábios de Sião* (1930), um russo, denunciou o perigo de uma união dos "judeus do mundo inteiro em uma só organização, mais restrita e mais perigosa do que a dos jesuítas". E no interior dos *Protocolos* encontra-se esta homenagem duvidosa: "Os jesuítas seriam os únicos a nos igualar no que se refere à manipulação política; mas conseguimos desqualificá-los aos olhos da multidão estúpida, porque formavam uma organização visível, enquanto permanecíamos protegidos por nossa organização secreta". Alguns historiadores, como Léon Poliakov, explicaram as origens dos *Protocolos* pelo antijesuitismo que assolava a Rússia do século XIX. Constatamos aí a influência dos meios ocultistas. De fato, a Sociedade de Teosofia, fundada em 1875 por Helena Blavatski, vê a verdade em todas as religiões, "exceto a judaica", e chega a acusar o primeiro-ministro britânico Gladstone de ser um agente dos jesuítas. Ora, ela contava entre seus iniciados com Youliana Glinka e Juliette Adam, que pertenciam ao meio em

---

14. Ibid., 129.
15. Ver L. Poliakov e P.-A. Taguieff.

que foram compilados *Os protocolos dos sábios de Sião*, traduzidos por Glinka para o russo.

Efeito perverso: naquela época, os próprios jesuítas participaram da contaminação dos complôs. Em 5 de fevereiro de 1898, um ano após o primeiro congresso sionista ocorrido na Basileia, a *Civiltà Cattolica* publicou um artigo que marcou um momento importante, pois a menção de um "complô sionista" apareceu ali pela primeira vez: "A condenação de Dreyfus foi um golpe terrível para Israel; atingiu todos os judeus... Com sua habitual sutileza, imaginaram alegar um erro judicial. O complô foi tramado em Basileia, no congresso sionista, reunido aparentemente para discutir a libertação de Jerusalém. Os protestantes se uniram aos judeus para a constituição de um sindicato". Como mostram numerosos artigos publicados na revista *Études* entre 1880 e 1914, os jesuítas também cultivaram um antimaçonismo e acolheram favoravelmente as teses antissemitas do escritor Édouard Drumont.

Ao mesmo tempo, a mais viva resposta a essas mentiras veio de suas fileiras. Que tenha sido um jesuíta, Pierre Charles, que tenha sido o primeiro a mostrar a falsidade dos *Protocolos dos sábios de Sião*[16], nada deve ao acaso. Espírito brilhante e candente, professor de dogmática em Louvain, participou ativamente da luta contra o falso. Em uma série de artigos corajosos publicados a partir de 1921, apresenta a genealogia dos *Protocolos*, provando que são uma repetição quase literal de um panfleto antibonapartista de Maurice Joly, *O diálogo no inferno entre Maquiavel e Montesquieu* (1864). Ainda observou: "Os judeus nada têm a ver com a redação desses *Protocolos*. É preciso dizer e mesmo repetir, porque o desmentido corre sempre mais lento e não vai tão

---

16. Ver o excelente artigo de Maurice Olender, "La chasse aux évidences", em sua coletânea *Race sans histoire* [*Raça sem história*].

longe quanto a calúnia". É lamentável que esse texto "incoerente e odioso" tenha recebido tão boa acolhida junto à opinião católica. Não contente com essa demonstração, em outros artigos P. Charles ampliou suas pesquisas para a genealogia do racismo moderno, a fim de apresentar as teorias de seus protagonistas, Vacher de Lapouge e Houston Stewart Chamberlain, antecipando o trabalho de Léon Poliakov.

Assim, os jesuítas ficaram estreitamente ligados à ascensão do antissemitismo na Europa, acusados ao mesmo tempo pelos antissemitas e permanecendo em outros momentos ao lado deles. Sem dúvida, a ação de Pierre Charles contribuiu para quebrar esse círculo vicioso, preparando o trabalho de seus companheiros Rupert Mayer (oponente desde 1923 ao nazismo), Antonio Messineo (cujos artigos na *Civiltà Cattolica* mostram a inanidade do racismo) e John La Farge (fundador do Movimento católico inter-racial, arauto dos direitos cívicos nos Estados Unidos) em sua luta contra o racismo na década de 1930.

NA ÉPOCA DOS TOTALITARISMOS

Do início do século XX até 1945 o mito jesuíta conheceu uma evolução contrastada, segundo a natureza dos regimes políticos. Quanto mais o regime era identificável a uma democracia liberal, menos influência o mito parecia ter, subsistindo vestígios.

Nas democracias liberais, apenas algumas brochuras antijesuítas circulavam, como as do padre Paul Boulin, ex-membro da rede da Sapinière, colaborador do Monsenhor Jouin, editor da *Revista Internacional das Sociedades Secretas,* publicação conspiratória que entre as duas guerras foi um dos principais propagadores do complô judeo-maçônico. Algumas reedições de "clássicos", como os *Monita secreta,* foram ainda difundidas em 1939, sob pretexto de documento histórico, pelo Grande Oriente da França. Quando a Companhia foi atacada pelo governo republicano espanhol em 1931, muitos textos do século XVIII também foram reeditados. No entanto os conflitos eram menos violentos porque eram menos políticos em relação ao passado. Restou a educação jesuíta, que foi submetida a duras provas por diversos livros. Por exemplo, *A.M.D.G.* (1910), de Ramón Pérez de Ayala, suscita uma bela polêmica ao descrever com um tom amargo a vida de um colégio jesuíta, assim como *Retrato de um artista quando jovem* (1916), de James Joyce, ou ainda, mas com menos talento, *L'empreinte* [*A Marca*] (de 1896), *de* Édouard Estaunié.

Há ainda acusações mais divertidas. No final dos anos 1920 ressurgiu uma lenda do século XVIII segundo a qual os jesuítas haviam tido minas de ouro na América Latina. Imediatamente uma companhia em Londres levantou fundos para recuperar o famoso ouro na Bolívia[17]... Era uma bela farsa, pois o nome do rio aurífero não constava em nenhum mapa. Ainda mais espantoso, sem dúvida, os jesuítas foram responsabilizados pelo... naufrágio do Titanic! O fato é que as últimas fotografias dos passageiros do transatlântico foram tiradas por um jesuíta, Francis Browne, que desceu no último porto antes da entrada em altomar. A partir daí, as teorias mais bizarras foram desenvolvidas, entre as quais a mais persistente foi a de uma aliança feita entre os jesuítas e o financista J. P. Morgan para eliminar alguns banqueiros hostis ao projeto secreto deles: a criação da Reserva Federal Americana[18]...

---

17. Citado por C. E. O'Neill no artigo do *Diccionario histórico de la Compañia de Jesús* consagrado ao antijesuitismo.
18. Ver Bruce Beveridge e Steve Hall, *Titanic & Olympic: The Truth Behind the Conspiracy*, Haverford, PA: Infinity Publishing, 2004.

Essas acusações causavam muito medo. Todavia, seu caráter local e consequente fraca repercussão revelavam que o mito jesuíta estava declinando nos países democráticos. Mas não aconteceu a mesma coisa nos regimes totalitários, em que a teoria do complô absorveu toda a política.

Como compreender essa diferença de evolução? Poderíamos arriscar uma explicação. A democracia liberal se apoia na origem inominada do poder, uma legitimidade sem atribuição: o poder não vem de Deus, nem do sangue, nem da conquista militar, nem da tradição, nem mesmo, propriamente dito, do povo, embora seja exercido em nome dele. Essa incerteza gera consequentemente uma inquietude que tem de encontrar lugares em que se incorporar, lugares que tenham como ponto comum propor o mundo como um enigma a ser resolvido, e às vezes até fornecer uma resposta. Do mesmo modo, novas formas culturais surgem, como o romance policial, a sociologia, a semiótica, a psicologia, a psicanálise etc., que são também meios de formular o enigma do mundo[19]. Essa é também a função da teoria paranoica do complô geral, que faz ao mesmo tempo de cada acontecimento um enigma e o resolve por meio de uma simples resposta. O choque da Primeira Guerra Mundial abalou esse frágil edifício: o vazio da origem do poder tornou-se tão insuportável que essas formas culturais não puderam diminuir a inquietação. Os regimes totalitários asseguram a continuidade. Novamente, o político tenta encontrar uma origem explícita do poder: seja o povo, seja a raça, seja a revolução. Mas isso não se mostra confiável, e esses regimes devem responder à questão

---

19. Podemos encontrar as primeiras reflexões nesse sentido entre os analistas de romance policial Siegfried Kracauer ou G. K. Chesterton, mas também em algumas páginas de Claude Lefort. Luc Boltanski tentou recentemente uma teoria geral dessa ideia nos *Enigmas e complôs. Uma sondagem a propósito de sondagens*, Gallimard, 2012.

moderna sobre a origem do poder fazendo do complô e da empresa policial não ficções, mas práticas políticas bem reais e dolorosas.

DIANTE DOS PODERES TOTALITÁRIOS

Para Michel Leroy, o mito jesuíta é moderno na medida em que esboça o poder totalitário: o partido único, eternamente revolucionário, exige o consentimento interior dos indivíduos. Para os regimes totalitários, os jesuítas, portanto, constituíram ao mesmo tempo modelos a serem seguidos e inimigos a serem combatidos; daí as perseguições, muitas vezes sucedidas de assassinatos que tiveram de ser enfrentados.

Como os jesuítas são considerados na União Soviética? Por exemplo, Leon Trótski, em *A moral deles e a nossa* (1938), compara o partido bolchevista e a Companhia para denunciar seu burocratismo. Ele poderia ter acrescentado aí a prática da mentira em grande escala, a intenção de controle das consciências por meio da estratégia da confissão representada nos Grandes Processos (1937); em suma, poderia ter pintado Stalin como gêmeo do papa negro das ficções antijesuítas, ainda mais porque Stalin reconheceu a influência do espírito jesuíta no seminário onde ele aprendeu... o socialismo. (Desde então, os historiadores poderiam acrescentar Lênin na lista!). Isso significa dizer que em parte os fundadores do partido bolchevista, em parte, se alimentaram dos fantasmas surgidos em volta da Sociedade. Embora a repressão contra os membros da Companhia tenha sido semelhante na Alemanha e na Rússia, entre os nazistas a propaganda antijesuíta foi a mais intensa. Sem dúvida, essa diferença de tratamento se explica pelo fato de que o partido comunista da Rússia prefere gerar internamente seus piores inimigos, e que a acusação de imperialista basta para os outros, mas também porque evidentemente os jesuítas e suas estruturas educativas eram muito menos numerosas na Rússia...

Entre os nazistas, Dieter Wisliceny, colaborador de Eichmann, explica que duas ideias levaram Hitler e Himmler a proceder com o extermínio em massa, referindo-se ao racismo biológico e a uma "visão mística e religiosa de um mundo dividido entre poderes bons e maus. Segundo essa visão, os judeus representam o princípio do mal, com seus auxiliares — a Igreja (a Ordem Jesuíta), a franco-maçonaria e o bolchevismo"[20]. H. S. Chamberlain, cujo livro *Os fundamentos do século XIX* (de 1899) marcou durante muito tempo Hitler, via um conflito entre a raça ariana e a cultura judaica e a jesuíta. Para ele, Inácio de Loyola, que era cercado por judeus, conduziu sistematicamente uma "luta contra o espírito germânico", cultivando um "materialismo absoluto", que reteve o espírito ariano. Próximo de Hitler antes de se tornar um de seus adversários, o general Erich Ludendorff muitas vezes citou também a tese do complô judeo-jesuíta, obcecado que era pela imagem do "geral dos jesuítas [que] conserva sua qualidade de papa negro à sombra do papa branco e o dirige". Quando descobrimos que ele é o esposo da teósofa Mathilde Kemnitz, compreendemos melhor ainda sua hostilidade em relação à Companhia. Dietrich Eckart, que também era próximo de Hitler, julgava que a judaização da Alemanha se devia à influência jesuíta, ao caracterizar: "A teologia moral dos jesuítas é tão execrável quanto o ensino moral do Talmud". Alfred Rosenberg, um dos teóricos da ideologia nazista, publicou em 1920 uma série de artigos sobre os vínculos entre o jesuitismo e o judaísmo. Ele fez a síntese de todas as críticas do século XIX, da violação à

---

20. Citado por James Bernauer, "From European Anti-Jesuitism to German Anti-Jewishness", conferência apresentada em 2009 em Cracóvia.

liberdade do indivíduo à dos povos. Durante seus anos em Viena antes da Primeira Guerra Mundial, o próprio Hitler considerou os comunistas e os jesuítas as duas principais ameaças para a sociedade ao retomar as teses do movimento nacionalista de Georg Ritter von Schönerer. De acordo com muitas testemunhas, ele nunca desistiu dessa ideia.

Nos anos 1930, o regime nazista fez, portanto, uma campanha contra os jesuítas, ventilando a teoria do complô. O objetivo era reduzir sua influência, na medida em que dirigiam inúmeras escolas secundárias e associações de jovens. É emblemático o panfleto oriundo da propaganda nazista *Der Jesuit: der vaterlandslose Dunkelmann* [*O jesuíta ou o obscurantismo antipatriótico*], no qual Hubert Hermanns acusava a Companhia de ser um "poder secreto", ao retomar as teses desenvolvidas ao longo do século XIX pelos nacionalistas alemães sobre a natureza antigermânica dos jesuítas, não sem antes acrescentar a suspeita de "filo-semitismo". Na Alemanha nazista, os jesuítas foram perseguidos; às vezes até assassinados. Quando invocada pelo poder, a teoria do complô se tornou então mortífera.

É muito sinistra a história desses metacomplôs. Em *O pêndulo de Foucault*[21], o romancista Umberto Eco formulou muito bem a maneira como eles se contaminam uns aos outros: "Tratava-se sempre do plano dos jesuítas, e antes, a Ordem dos Templários. Raras variações, permutações íntimas: os *Protocolos* se faziam sozinhos. Um projeto abstrato de complô emigrava de complô em

---

21. Grasset, 1988. Com seu talento habitual, o escritor também continuou a demonstrar em seu livro *O cemitério de Praga* (Grasset, 2011) os mitos dos complôs judeus, maçônicos e jesuítas, se detendo no momento da história em que eles estiveram ligados de muitas maneiras. No entanto, a leitura de seu romance é arriscada para um leitor pouco atento, que possa identificar essas acusações de modo literal. Sem dúvida, a forma da ficção se expõe mais a esse tipo de perigo do que a forma de ensaio que adotamos aqui.

complô". Sinistra também a história em que os jesuítas foram ao mesmo tempo vítimas — em determinado grau, o mito do complô jesuíta atravessou as clivagens políticas e sociais — e cúmplices — pela difusão dos mitos dos complôs maçônico e judeu.

É espantoso constatar que a passagem de acusações circunscritas à teoria de um complô universal e permanente tenha sido possibilitada pela reversão do mito jesuíta no imaginário. A partir do momento em que o romance moderno assumiu o mito, este se fez mais abstrato, e por isso mesmo mais global, e acabou por se cristalizar na figura do papa negro. A passagem para o imaginário tem outras consequências: não somente transforma a própria natureza do mito, mas cria o real. Os partidos únicos dos regimes totalitários se assemelham absurdamente à Companhia fantasiada pelos antijesuítas. Isoladamente, o mito jesuíta não pode explicar o surgimento deles, mas é um elemento importante dele.

VI
O FIM DE UM MITO?
(A PARTIR DOS ANOS 1950)

Apesar dos esforços dos regimes totalitários, sobretudo do regime nazista, e de algumas mentes cada vez mais isoladas, após a Primeira Guerra Mundial o mito jesuíta perdeu sua força. Embora não tenha desaparecido totalmente, ele se mantém por meio de uma lenda dourada da Companhia que se consolida constantemente.

A LENDA DOURADA DA COMPANHIA

Em 1963, a peça de teatro *O vigário*, do alemão Rolf Hochhuth, lançou a polêmica sobre o "silêncio de Pio XII" a respeito do genocídio dos judeus durante a Segunda Guerra Mundial. Colocou-se, então, em evidência o padre jesuíta Ricardo Fontana, inspirado em Bernhard Lichtenberg, jesuíta adversário do regime nazista, que após ter se esforçado para convencer o papa a denunciar publicamente a política criminosa dos nazistas escolheu usar a estrela amarela e ir para Auschwitz. A partir daí, a polêmica foi reavivada. No início dos anos 2000, no romance de sucesso *O código Da Vinci*, o americano Dan Brown vislumbra uma conspiração no seio da Igreja Católica visando a conservar alguns segredos religiosos e influenciar as pessoas importantes desse universo; conspiração — surpresa! — cujos principais autores não são jesuítas. Os dois exemplos confirmam muito bem que o mito antijesuíta está agonizante, pelo menos em seu elemento político.

Além disso, depois de terem sido vítimas durante séculos de uma "lenda negra", os jesuítas entraram na "lenda dourada" para retomar a expressão de Étienne Fouilloux[1]. Nos imaginários e nas consciências, o antijesuitismo de outrora parece ter sido substituído por um certo "filo-jesuitismo". Explicar essa reviravolta não é muito fácil. Todavia, podemos dizer que, na virada da Primeira Guerra Mundial, na visão da maioria os jesuítas passaram para o lado dos defensores do progresso e da liberdade. Sem dúvida, algumas figuras singulares, como a de Pierre Teilhard de Chardin, atraíram a atenção. Mas o certo é que o papel desempenhado pelos jesuítas na França, na Alemanha, nos Países Baixos, na Bélgica, na resistência ao nazismo foi decisivo para melhorar a imagem da Ordem. E igualmente toda uma geração de teólogos, como Henri de Lubac, Jean Daniélou, Karl Rahner, John Courtney Murray, Augustin Bea, que tiveram grande influência sobre o *aggiornamento* da Igreja Católica durante o Concílio Vaticano II.

Do mesmo modo, no cinema a figura do jesuíta aparece cada vez mais de modo positivo. Podemos citar *Sindicato de ladrões* de Elia Kazan, *O exorcista* de William Friedkin, *A Missão* de Roland Joffé, *O corpo* de Jonas McCord, *Amém* de Costa-Gravas... Embora sejam muito diferentes, os jesuítas aí representados têm alguns pontos em comum: são sobretudo independentes, capazes

---

1. "Les jésuites em France du XIXe au XXe siècle", em *Les jésuites à Lyon, XVIe-XXe siècles* (dir. É. Fouilloux e B. Hours), Éditions École Normale Supérieure, 2005.

de recusar a obediência à sua hierarquia; desinteressados, em sua alma e consciência agem pelo bem, aliando o sentido do religioso à competência intelectual. São o oposto dos "homens de preto", salvo em relação à inteligência, qualidade nunca negada aos jesuítas...

Além do mais, a figura carismática de Pedro Arrupe, superior geral da Companhia de 1965 a 1981, sem dúvida contribuiu para destruir a lenda do "papa negro". As tensões bem reais que se produziram entre ele e os três "papas brancos" que ele conheceu em relação às orientações pastorais da Companhia, a maneira de dirigi-la e a teologia da libertação tiveram repercussão nas mídias, que algumas vezes endureceram as oposições. De qualquer modo, a ideia de uma manipulação do papa pelo geral jesuíta parece não mais se sustentar.

ALGUNS SOBRESSALTOS COMPLOTISTAS

Todavia, reapareceram persistências do velho mito graças ao despertar do espectro do complô a partir dos anos 1970. Vieram em seguida dois momentos fortes no início dos anos 1990 e após o 11 de setembro de 2011. Momentos de desestabilização dos Estados e das relações internacionais: crise da organização bipolar do mundo, fim da Guerra Fria e ascensão do terrorismo islâmico.

Durante os anos 1970, anos de declínio das grandes ideologias, desenvolve-se um gosto pelo complô, especialmente no meio da contracultura americana, com base nos assassinatos políticos (John e Robert Kennedy, Martin Luther King, Malcolm X), nas crises políticas desencadeadas pela guerra do Vietnã ou no caso Watergate. O Estado federal parece estar dominado por grupos secretos internacionais, como o Bilderberg ou a Comissão Trilateral. Alguns filmes da época comprovam isso, como

A conversação de Francis Ford Coppola e *Todos os homens do presidente* de Alan J. Pakula, ou romances como a trilogia *Illuminatus!* de Robert Anton Wilson e Robert Shea, ou ainda super-heróis como o Homem-Aranha, criado por Stan Lee. Na França, a revista *Planète*, de Louis Pauwels e Jacques Bergier, fazem parte desse movimento.

Nos anos 1990, séries televisivas (como *Arquivo X*), *videogames* (como *Illuminati* ou *Tomb Raider*), ou ainda histórias em quadrinhos de sucesso cultivam e difundem o gosto do complô, misturando a ufologia (estudos dos fenômenos associados aos OVNIs) ao iluminismo, a franco-maçonaria às sociedades ocultistas ou satânicas, a *Opus Dei* aos meios financeiros. O sucesso mundial de *O código Da Vinci* é totalmente revelador do declínio do mito jesuíta. O autor se inspira nas lutas de poder da época de João Paulo II, desconsiderando a Companhia em favor da *Opus Dei*. Contudo, mais do que a *Opus Dei*, é o complô totalmente fantasmagórico dos *Illuminati* que encontra mais sucesso na internet, nos livros, nos filmes e nos *videogames*. Toda essa cultura merece a mesma atenção dada aos libelos antijesuítas, pois pode acontecer de os adolescentes indagarem seus professores de história a respeito da existência dos *Illuminati* e de sua influência sobre o mercado de ações ou sobre o efeito estufa…

Sendo assim, os jesuítas teriam desaparecido totalmente dos radares dos rastreadores de complôs? Não temos tanta certeza. Nos anos 1980, alguns governos da América Latina acusaram os jesuítas de promover movimentos revolucionários. Alguns, como os mártires do Salvador, pagaram com suas vidas. Mais recentemente, na efervescência da era pós-soviética e com a reconquista do espaço público pela Igreja ortodoxa os jesuítas ficaram preocupados na Rússia; daí a reedição em russo, nessa época, dos *Monita secreta*…

A figura do papa negro é regularmente evocada nos Estados Unidos, onde a internet desempenha um grande papel na difusão dessas teorias do complô, sem que seja possível medir a extensão de sua acolhida. A partir dos anos 1980 nos Estados Unidos, a internet possibilita especialmente a circulação de publicações de teor conspiratório, que visam ao suposto poder dos jesuítas. Em 1983, o editor e panfletário Jack Chick publicou uma história em quadrinhos intitulada *The Poor Pope?* na qual afirmava que o Vaticano havia iniciado "a destruição dos Estados Unidos quando os jesuítas organizaram o assassinato de Lincoln e a Guerra Civil, o que evidentemente ficou bem escondido". Teses semelhantes surgem com o famoso autor Malachi Martin (ex-jesuíta) e com Edmond Paris, cujo livro *A história secreta dos jesuítas* (1970) foi reeditado em 1994 com o título de *O Vaticano contra a Europa*. Verdadeiro acúmulo de difamações (como, por exemplo, o fato de Charles Coughlin, célebre animador de rádio antissemita nos anos 1930, ter sido jesuíta) e de informações incompletas, os autores sugeriram a conclusão de uma aliança entre os jesuítas e Hitler. Tony Alamo, no livro *The Pope's Secret*, publicado em 1984, chega até mesmo a acusar os jesuítas de controlar as Nações Unidas, a Casa Branca, o Congresso, o FBI, a máfia, as mídias etc. Do mesmo modo, o teórico do complô Eric Jon Phelps, no livro *Vatican Assassins*, denuncia o "papa negro", que, segundo ele, seria responsável por inúmeros complôs nos Estados Unidos e no mundo. Ele visa sobretudo ao superior geral Ledochowski, por seu papel presumidamente importante durante a Primeira Guerra Mundial, depois por seus comprometimentos com Hitler, e ao atual geral, Adolfo Nicolás, por sua influência na eleição de Barack Obama. E, para aumentar a confusão, esses mesmos sites apresentam o atual presidente americano como sendo o "papa negro" anunciado por Nostradamus...

Apesar de tudo, não sobra mais muita coisa do mito do papa negro. Embora possa sempre ser reativado, parece sensato acreditar que seja a manifestação crepuscular do mito jesuíta, sua derradeira assinatura. Conhecendo uma politização e uma abstração crescente, teve fim e depois se fragmentou ao longo do século XX. Dos três grandes mitos de complô do século XIX, o único que permanece é o do complô judeu, ainda vivo em certas partes do mundo, devido ao que o historiador Henri Laurens chamou de "a questão da Palestina". Desenvolve-se igualmente a tese de um complô islâmico mundial, nutrido pelos medos provocados pelos atentados e pelas redes islâmicas que eles próprios alimentam de mil fantasmas… Que outros Pierre Charles possam assumir e denunciar a perversidade e o perigo dessas teorias funestas.

CONCLUSÃO

O mito jesuíta conheceu dois aspectos sem que existisse, todavia, uma fronteira insuperável entre os dois: 1. antes do final do século XVIII, é a época das conspirações jesuítas e das circunstâncias precisas; 2. a partir da extinção da Companhia, o mito fica cada vez mais preso à teoria de um complô global. Ganha então popularidade na França, na Alemanha e às vezes na América Latina. Na visão de muitos, a Companhia de Jesus parece representar a antimodernidade, o ódio da consciência individual e do sentimento nacional.

O cosmopolitismo e o espírito de corpo dos jesuítas parecem remontar a outro tempo. Na metade do século XIX, o mito conheceu uma mutação. Por causa de Eugène Sue, entrou no terreno da ficção e logo ganhou força — e foi no momento em que o nacionalismo dos povos europeus se contaminou pelo racismo e endureceu as oposições que surgiu a expressão "papa negro", pretendendo condensar o mito em duas palavras. O mito jesuíta também perdeu cada vez mais seu caráter erudito. Durante muito tempo, mobilizou os juristas, teólogos, filósofos, historiadores. Contudo, a partir dos anos 1850, ainda que os polemistas utilizassem os conhecimentos históricos, jurídicos, às vezes psicológicos, não tinham as mesmas capacidades que Pascal, Diderot, Michelet ou Sue. Os adversários dos jesuítas perderam também sua criatividade. Fato revelador, o cinema que despontava não se apossou do mito. Embora pudessem suscitar imaginários fantásticos, não havia nenhum jesuíta entre Murnau ou Méliès... E os novos Béranger ou Eugène Sue também não os julgaram bastante inspiradores para dali extrair canções ou romances.

COMPLÔ E PODER POLÍTICO DOS JESUÍTAS

Agora que o mito parece pertencer à história, podemos nos questionar sobre *as razões* de seu aparecimento — e distinguir as que vêm da crença em um complô jesuíta e as que se referem ao poder político da Companhia.

O COMPLÔ JESUÍTA

Para desvendar um complô, sempre é importante identificar um inimigo responsável por tudo. Quanto menos o inimigo oferece pistas para análise, mais forte é sua capacidade de as reunir. Esse mito se julga a princípio mobilizador, a respeito do qual todo mundo concorda, sem nenhuma divergência possível: o jesuíta é o inimigo!

O tipo de inimigo também permite oferecer uma explicação global para um mundo que se tornou enigmático, cujo enigma é insuportável. O papa negro traz, então, uma explicação racional, embora gasta, mas da qual parece difícil abdicar. Essa explicação restitui a coerência à realidade e camufla as rupturas da trama dos acontecimentos. Tudo se torna explicável, e um mundo assim se mostra bem mais tranquilizador. Acreditar nisso remete a conceder também um crédito maior ao poder da ação política.

De fato, o objetivo do complô é explicar o inexplicável, ligando qualquer acontecimento a uma intenção humana, dividir de um modo maniqueísta o mundo em dois campos e procurar implicitamente nos acontecimentos uma realidade secreta. E um complô corresponde a várias funções: ele explica, é sua dimensão intencional; ele organiza o mundo dentro de um sistema dualista, permitindo identificar simplesmente o mal; ele seculariza a Providência, ao continuar a afirmar que uma mão invisível e escondida mexe os pauzinhos... Em suma, o complô é a negação do imprevisível, do injustificável do sistema político moderno, em que a fonte do poder seria anônima, impalpável e mesmo vazia.

O complô corresponde também a uma mutação do pensamento europeu: o modelo mecanicista característico do pensamento moderno é cada vez mais atacado em seu ideal de transparência total, assim como de retorno identitário. Assim, a ideia de que bons efeitos provêm de boas intenções já foi contestado por Bernard de Mandeville no livro *Fable des abeilles* [*Fábula das abelhas*] (de 1714), no qual ele explica que os vícios particulares levam à felicidade pública, ou por Adam Smith, fundador do liberalismo econômico, no livro *A riqueza das nações* (1776). Mas as novas concepções entram em conflito com a lógica comum. Além do mais, o sistema político pós-revolucionário é mais complexo, e os agentes são muito mais numerosos; logo, a análise torna-se mais difícil. O modo explicativo mecânico do Iluminismo — onde tudo tem sua causa — se tornou insuficiente para explicar as mudanças da Revolução e só consegue subsistir ao se metamorfosear em complô geral.

Por essa razão os laços entre o complô jesuíta e o complô judeu são, por essa razão, fascinantes. Laços de semelhança, se pensarmos na proximidade entre os *Monita secreta* e *Os protocolos dos sábios de Sião*. Antinomia também, porque alguns jesuítas desempenharam um papel considerável no surgimento do complô judeu e do complô judeo-maçônico, em virtude da lógica de contágio do mal. Sem dúvida, isso explica o fato de os jesuítas também terem um papel na revelação da lógica complotista, de Pierre Charles ter feito um trabalho de desconstrução de *Os protocolos dos sábios do Sião*, mas também de Henri de Lubac, no livro *La postérité spirituelle de Joachim de Flore* [A posteridade espiritual de Joaquim de Fiore], ter apresentado as origens do grande mito político moderno do progresso na história, que tem muita relação com a lógica do complô.

O "PODER POLÍTICO" DA COMPANHIA

Durante mais de quatro séculos, a Companhia esteve ligada a todas as grandes mutações da modernidade: colégios e institutos de formação de qualidade, preocupados em preparar as elites esclarecidas; missões em todas as épocas, com aventuras humanas fascinantes, como as de Matteo Ricci na China ou nas repúblicas guaranis da América do Sul; exploração de campos intelectuais novos, tanto da física no século XVII, da paleontologia, das ciências históricas, da filosofia, quanto da psicanálise; um gosto pronunciado pela exploração das fronteiras e a confrontação com o mundo em suas múltiplas dimensões culturais e sociais. Por trás dessa diversidade de âmbitos de ação há um estilo jesuíta, às vezes incorporado nas escolhas intelectuais e artísticas, mas que é antes de tudo um estilo de homens ligados por uma experiência espiritual e humana: a prática dos *Exercícios espirituais* redigidos por seu fundador, Inácio de Loyola. Teria sido a grandeza de sua ação humana que provocou esse fascínio ao longo dos séculos?

A Companhia de Jesus foi sobretudo um espelho fiel ao refletir a modernidade política no sentido amplo do termo, o da nova organização do mundo comum. Mito da globalização, mito de um poder global, implicando todos os aspectos da vida, mito também do progresso, da conquista, da dinâmica da modernidade, em suma, mito da velocidade: tudo isso está incluído no mito jesuíta. Um mito para exorcizar as transformações brutais. Um mito para ler em outro lugar suas mutações internas, para contemplá-las, fantasiá-las e, no final, controlá-las.

O FIM DE UM MITO MODERNO

O fato da modernidade ter sido reprimida foi a razão para que esse mito tenha caído em desuso? Ou por que a própria modernidade cumpriu seu tempo? O debate não será resolvido aqui: podemos apenas constatar a morte de um mito jesuíta, sobre a qual poderemos tecer algumas explicações.

Há razões ao mesmo tempo internas e externas da Companhia e da Igreja Católica. Se os jesuítas são menos numerosos, se detêm menos colégios, missões, sobretudo a partir dos anos 1970, a Ordem conta assim mesmo com aproximadamente 14 mil membros (35 mil durante a primeira metade do século XX), ou seja, bem mais do que antes de sua extinção. Logo, não é a diminuição da presença jesuíta a causa do declínio do mito. Sem dúvida, uma razão mais decisiva desse declínio é o fato de, após ter se revestido com a couraça antimoderna no século XIX, a Companhia de Jesus ter escolhido participar das aventuras da modernidade nos séculos que se seguiram.

É evidente também a razão de uma ordem religiosa como a Companhia de Jesus ter mantido um papel menos central nas sociedades ao longo dos séculos. Para se ater unicamente ao aspecto do ensino, sua incumbência pelo Estado extrai qualquer atribuição mais importante a esse mito.

Essa explicação junta-se a uma outra: a necessidade de complô se deslocou para as ficções. O desenvolvimento considerável da literatura policial em forma de romances de ação, de suspense e de espionagem, de filmes e séries televisivas que repetiram amplamente esses esquemas narrativos, oferece uma resposta à necessidade de representação do enigma das consciências modernas, acompanhando as outras intrigas que são as ciências sociais. Aliás, é significativo o fato dessas ficções de enigmas se desenvolverem apenas dentro de um contexto das democracias modernas: quando as ditaduras e os regimes totalitários manipulam os complôs, eles se tornam inúteis.

Enfim, a concepção da política evolui sem dúvida sobretudo por causa do desmoronamento das ações totalitárias: a ação política não consegue justificar tudo, mas se tivesse essa finalidade, no fundo nos repugnaria. O mito do poder político global representado pelo papa negro não é mais credível, digno de pensamento.

A convergência dessas diferentes razões, ao mesmo tempo internas e externas, explica por que o papa negro perdeu sua força e que agora é possível esboçar sua história.

ÍNDICE TEMÁTICO

Antissemitismo 73, 81, 84, 85, 87, 99

Bestiário 19, 52, 54, 62

Complô 8, 9, 20, 23, 33, 42, 44-49, 51, 54, 56, 57, 62, 73-75, 81, 82, 84-93, 97-104, 106
Congregações 50, 51

Despotismo 34, 36, 37, 41, 42, 67

Estado moderno 25, 28, 29, 32, 61

Ficção 74, 75, 79, 92, 101
Franco-maçonaria 43, 91, 98

Galicanismo 22-24, 29, 30, 48, 51, 52, 57

Illuminati 44-47, 98
Iluminismo 39-42, 44, 46, 103

Kulturkampf 69

Monita secreta 29, 31-33, 37, 44, 49, 52, 79, 85, 87, 98, 103

Obediência 8, 22, 34, 36, 37, 70, 97

Papa negro 8, 10, 73, 74, 79-81, 90, 91, 93, 97, 99-102, 106

Regicídio 26-28, 38, 41, 67

Secularização 42, 57, 74
Sociedades secretas 43, 44, 46, 78, 87
Superior Geral 7, 8, 26, 32, 42, 56, 74, 77-81, 91, 97, 99

Ultramontanismo 60, 62, 64, 66-69, 80

ÍNDICE DE PESSOAS

Abel 7, 8
Acquaviva, Claudio 26, 28, 32
Adam, Juliette 85
Afonso XIII 65
Alamo, Tony 99
Altini, Francesco 62
Ambrósio de Milão 28
Antonelli, Giacomo 79
Aristóteles 40
Arnauld, Antoine 27
Arrupe, Pedro 97

Bakunin 78
Balzac, Honoré de 51, 53-55
Barruel, Augustin 45-48, 51, 81, 82
Bea, Augustin 96
Bellarmino, Roberto 18
Béranger, Pierre-Jean de 53, 54, 102
Bergier, Jacques 98
Bernardo de Claraval, santo 16
Bernauer, James 91
Bertier de Sauvigny, Ferdinand de 51
Beta, Ottomar 84
Beveridge, Bruce 88

Bismarck, Otto von 69
Blanqui, Auguste 46
Blavatski, Helena 85
Bluntschli, Johann Caspar 66
Bode, Johann Joachim Christoph 44
Bombarda, Miguel 84
Boulin, Paul 87
Brou, Alexandre 65, 68
Brown, Dan 95
Browne, Francis 88
Buffon, conde de 40
Buonarotti, Philippe 51

Cagliostro 44
Caim 7
Calas, Jean 74
Canísio, Pedro 13, 17, 18
Caradeuc de la Chatolais, Louis-René 36
Carlos X 49
Carvalho, Sebastião de (ver Pombal)
Chamberlain, Houston Stewart 85, 87, 91
Charles, Pierre 87, 104

Charvillac, Gabriel-Jean 56
Châtel, Jean 27
Chick, Jack 99
Choiseul, duque de 35
Clark, Christopher 62
Clemente XIV 41
Comte, Augusto 52, 66
Coppola, Francis Ford 98
Coton, Pierre 28
Costa-Gravas 96
Coughlin, Charles 99
Crétineau-Joly, Jacques 35
Cubitt, Geoffrey 48

D'Alembert 39
Damiens, Robert-François 38
Daniélou, Jean 96
Darwin, Charles 84
Delaveau, Guy de 48
De Lubac, Henri 96, 104
Descartes, René 40
Dézamy, Théodore 65
Diderot 16, 39, 102
Dinocourt, Théophile 53
Dostoiévski, Fiódor 78
Dreyfus, capitão 86
Du Bellay, Eustache 22
Du Bellay, Jean 23
Du Bellay, Joachin 23
Dumas, Alexandre 78
Du Moulin, Charles 23

Eckart, Dietrich 91
Eco, Umberto 92
Eichmann, Rudolf 91
Einstein, Albert 33
Eisele, Eugen 80, 84
Elisabete I 27

Estaunié, Édouard 88
Eva 7

Fabro, Pedro 17
Felipe II 20
Fiore, Joaquim de 104
Foucault, Léon 92
Fouilloux, Étienne 96
Franchet d'Espèrey, François 48
Franco, Eduardo 38, 69, 79, 84
Frederico II 43, 46
Friedkin, William 96
Funk, Philipp 84

Gambetta, Léon 68
Gioberti, Vincenzo 67
Gladstone, William E. 68, 85
Glinka, Youliana 85, 86
Goncourt, irmãos 79
Gregório XIII 26
Guignard, Jean 27
Guilherme d'Orange 27
Guillermou, Alain 13

Hall, Steve 88
Healy, Róisin 18, 70, 80, 83, 84
Henrique III 22, 26
Henrique IV 7, 8, 26-28
Hermanns, Hubert 92
Himmler, Heinrich 91
Hitler, Adolf 91, 92, 99
Hochhuth, Rolf 95
Hours, Bernard 96

Inácio de Loyola 7, 13, 15-17, 21, 26, 31, 33, 37, 54, 56, 61, 85, 91, 104
Iñigo (*ver* Inácio de Loyola)

ÍNDICE DE PESSOAS

Jacques I
Jacques II 50
Jaio, Cláudio 17
Jansênio 35
Jesus Cristo 36, 82
João Paulo II 98
Joffé, Roland 96
Joly, Maurice 86
Jouin, Ernest 87
Joyce, James 88

Kantorowicz, Ernst 25
Kazan, Elia 96
Kemnitz, Mathilde 91
Kennedy, John 97
Kennedy, Robert 97
Knigge, Adolph Freiherr 45
Koch, Hugo 80, 83
Kraepelin, Emil 70
Kraiser, Wolfram 62, 69

Lacouture, Jean 21
Lacretelle, Charles de 50
Laínez, Diego 17
Laurens, Henri 100
Lavalette, Antoine 35
Le Bon, Gustave 66
Ledochowski, Vladimir 99
Lee, Stan 98
Leibniz, Gottfried W. 40
Le Paige, Louis-Adrien 41, 42
Lênin 78, 90
Leroy, Michel 49, 50, 52, 53, 56, 63, 65, 78, 90
Lichtenberg, Bernhard 95
Lincoln, Abraham 99
Lomer, Georg 85
Lúcifer 7

Ludendorff, Erich 91
Luís, o Piedoso 28
Luís XV 38, 43
Luís XVIII 49
Lutero, Martinho 17
Luther King, Martin 97

Maire, Catherine 14, 27
Malcolm X 97
Malebranche, Nicolas 39
Mandeville, Bernard de 103
Maquiavel 31, 86
Marcet de La Roche-Arnaud, Martial 55
Mariana, Juan de 28
Martin, Malachi 99
Martins, Oliveira 68
Marx, Karl 65, 83
Matthieu, Claude 26
Maurício de Nassau 27
McCord, Jonas 96
Méliès, Georges 102
Mersenne, Marin 39
Mertz, Georg 83
Mesmer, Franz-Anton 44
Michelet, Jules 9, 59-61, 63, 102
Michon, Jean Hyppolite 79
Miguel, São 7
Molière 35
Montalembert, Charles de 67
Montesquieu 36, 37, 40, 86
Montlosier, conde de 51, 52
Morgan, J. P. 88
Mortonval 53
Murnau, Friedrich W. 102
Murray, John Courtney 96
Murray, Oliver 80

Napoleão III 77
Nechayev, Sergey 79
Newton, Isaac 40
Nicolaï, Friedrich 44
Nicolás, Adolf 99
Nostradamus 99

Obama, Barack 99
Olender, Maurice 86
O'Neill, C. E. 79, 88

Pakula, Alain J. 98
Paris, Edmond 99
Pascal, Blaise 9, 35, 102
Pasquier, Étienne 14, 23, 29-31, 49, 82
Paulo, São 21
Paulo III 13
Pauwels, Louis 98
Pavone, Sabina 32, 37
Pérez de Ayala, Ramón 88
Phelps, Eric Jon 99
Pio VII 10, 46, 49, 82
Pio IX 78
Pio XII 95
Platel, padre 38
Plongeron, Bernard 44
Poliakov, Léon 85, 87
Pombal, marquês de 38, 68, 69
Pitágoras 52

Queiroz, Eça de 69
Quental, Antero de 68
Quinet, Edgar 59-61

Rabelais, François 23
Rahner, Karl 96
Ravaillac, François 7, 28
Ravignan, Xavier de 9

Reimarus, Hermann Samuel 40
Rémond, René 53, 56
Ricci, Matteo 70, 104
Richelieu, duque de 38
Richeome, Louis 27
Ritter von Schönerer, Georg 92
Ronsin, Pierre 50
Roothaan, Jan Philip 77
Rosenberg, Alfred 91
Rousseau, Jean-Jacques 43, 45

Sailer, Johann Michael 40
Saint-Martin, Claude de 44
Salmerón, Alfonso 17, 21
Schiller, Friedrich 44
Shea, Robert 98
Simoni, capitão 82
Smith, Adam 103
Spencer, Herbert 66
Stalin 90
Stendhal 50, 51, 55
Sue, Eugène 53, 63, 64, 74, 77-82, 101, 102
Sutto, Claude 23
Swedenborg, Emmanuel 44

Tabaraud, Mathurin 49
Taguieff, Pierre-André 82, 85
Taxil, Léo 78
Tchernychevski, Nicolai 78
Teilhard de Chardin, Pierre 96
Teodósio 28
Thierry, Augustin 83
Trótski, Leon 90

Vacher de Lapouge, Georges 87
Vénisier, Pierre 77

Vogel, Christine 7
Voltaire 39, 40, 45, 46, 74

Weishaupt, Adam 44, 46
Wigand, Johannes 18
Wilson, Robert Anton 98

Windthorst, Eduard 69
Windthorst, Ludwig 69
Wisliceny, Dieter 91
Wolff, Johann Christian 40

Zahorowski, Hieronim 32

BIBLIOGRAFIA

FONTES

ANÔNIMO. *Monita Secreta. Advis secrets de la Société de Jésus* (1668). Nova edição C. Sauvestre. Paris: Le Monde inconnu, 1983.
BARRUEL, Augustin. *Un jésuite face aux jacobins francs-maçons* (1741-1820). Ed. e prefácio M. Riquet. Paris: Beauchesne, 1989.
MICHELET, Jules; QUINET, Edgar. *Des jésuites*. Intr. P. Viallaneix. Hollade: Pauvert, 1966.
MONTLOSIER, Comte de. *Les jésuites, les Congrégations et le parti prêtre*. Paris: A. Dupont, 1827.
PASQUIER, Étienne. *Le Catéchisme des Jésuites*. Ed. C. Sutto, Éditions de l'Université de Sherbrooke, 1982.
SUE, Eugène. *Le juif errant* (1844). Prefácio P. Lacassin. Paris: Laffont, 2010; *Les Mystères du peuple*. Prefácio M. Letourneux. Paris: Laffont, 2003.

ESTUDOS CRÍTICOS

Les Antijésuites, Discours, figures et lieux de l'antijésuitisme à l'époque moderne (dir. P. A. Fabre e C. Maire). Rennes: PUR, 2010.

BERNAUER, James. "From European Anti-Jesuitism to German Anti-Jewishness" (Cracóvia, março 2009), site do Boston College.

BROU, Alexandre. *Les jésuites de la legende*. Paris: Retaux, 1906-1907.

CRÉTINEAU-JOLY, Jacques. *Histoire religieuse, politique et littéraire de la Compagnie de Jésus* (6 vol.). Paris: P. Mellier, 1844-1846.

CUBITT, Geoffrey. *The Jesuit Myth. Conspiracy Theory and Politics in Nineteenth-Century France*. Oxford: The Clarendon Press, 1993.

Diccionario histórico de la Compañia de Jesús (dir. C. E. O'Neill e J. M. Dominguez). Madrid: Universidad Pontificia Comillas, 2001.

FRANCO, Eduardo. *Le mythe jésuite au Portugal*. São Paulo: Arké Editoria, 2008.

GUILLERMOU, Alain. *Les jésuites*. Paris: PUF, 1961.

HEALY, Róisín. *The Jesuit Specter in Imperial Germany*. Boston e Leyde: Brill Academic Publishers, 2003.

Histoire du christianisme (dir. J.-M. Mayeur e outros). Paris: Desclée, 1995-2001 (sobretudo vol. 7 e 10).

LACOUTURE, Jean. *Jésuites une multibiographie* (2 vol.). Paris: Seuil, 1991-1992.

LEROY, Michel. *Le mythe jésuite. De Béranger à Michelet*. Paris: PUF, 1992.

MAIRE, Catherine. *De la cause de Dieu à la cause de la Nation. Le jansénisme au XVIIIe siècle*. Paris: Gallimard, 1998; "Les jésuites maîtres du monde", *L'Histoire*, n. 84, 1986.

OLENDER, Maurice. *Race sans histoire*. Paris: Seuil, 2009.

PAVONE, Sabina. *"Between History and Myth: the Monita secreta Societatis Jesu"* em *The Jesuits (II), Culture, Sciences and the Arts, 1540-1773* (dir. J. O'Malley). University of Toronto Press, 2006.

POLIAKOV, Léon. *La causalité diabolique* (1980). Prefácio P. A. Taguieff. Paris: Calmann-Lévy/Mémorial de la Shoah, 2006.

RÉMOND, René. *L'Anticléricalisme en France de 1815 à nos jours*. Bruxelles: Complexe, 1985.

TAGUIEFF, Pierre-André. *Les Protocoles des sages de Sion: faux et usages d'un faux*. Paris: Berg International/Fayard, 2004.

Edições Loyola

editoração impressão acabamento

Rua 1822 n° 341 – Ipiranga
04216-000 São Paulo, SP
T 55 11 3385 8500/8501, 2063 4275
www.loyola.com.br